Dominique GRANDGUILLOT

QCM Droit du travail

Gualino éditeur

Dans la même collection LES CARRÉS SUP

Livres de QCM pour s'évaluer et s'entraîner

- QCM – Introduction au Droit et au Droit civil (J.P. Branlard)
- QCM – Droit de la famille (J.P. Branlard)
- QCM – Droit constitutionnel (Ph. Boucheix et G. Champagne)
- QCM – Procédure pénale (C. Renault-Brahinsky)
- QCM – Droit administratif (J.P. Pastorel)
- QCM – Droit du travail (D. Grandguillot)
- QCM – Institutions de l'Union Européenne (J.C. Zarka) 2e édition
- QCM – Analyse financière (B. et F. Grandguillot)
- QCM – Initiation à la gestion de l'entreprise (B. et F. Grandguillot)
- QCM et QRC Culture générale aux concours de la fonction publique (C. Chabanon)
- QCM – L'EURO en 188 questions (J.-C. Zarka)

ISBN 2 - 84200 – 142 - 7

SOMMAIRE

Présentation 5

1 Les sources du droit de travail **7**
15 QCM 7
Grille de dépouillement et score 10
Réponses justifiées 11

2 L'inspection du travail **15**
15 QCM 15
Grille de dépouillement et score 19
Réponses justifiées 20

3 La négociation collective **23**
20 QCM 23
Grille de dépouillement et score 28
Réponses justifiées 29

4 Le règlement intérieur **34**
15 QCM 34
Grille de dépouillement et score 37
Réponses justifiées 38

5 La formation professionnelle continue et la formation en alternance **41**
20 QCM 41
Grille de dépouillement et score 46
Réponses justifiées 47

6 L'accès à l'emploi **52**
15 QCM 52
Grille de dépouillement et score 56
Réponses justifiées 57

7 Le contrat de travail **62**
30 QCM 62
Grille de dépouillement et score 71
Réponses justifiées 72

8 Les conditions de travail : le salaire, la durée du travail, les congés payés et les autres congés **79**
65 QCM 79
Grille de dépouillement et score 94
Réponses justifiées 96

9 La rupture du contrat de travail **113**
30 QCM 113
Grille de dépouillement et score 121
Réponses justifiées 122

10 Le chômage **130**
15 QCM 130
Grille de dépouillement et score 135
Réponses justifiées 136

11 Les institutions représentatives du personnel **140**
20 QCM 140
Grille de dépouillement et score 146
Réponses justifiées 147

12 Les conflits individuels et collectifs **153**
15 QCM 153
Grille de dépouillement et score 157
Réponses justifiées 158

PRÉSENTATION

Ce livre de ***Questions-Réponses justifiées*** n'a pas pour objet de remplacer un cours et de couvrir tous les cas de figure possibles aux examens, mais de vous permettre d'évaluer vos acquis sur les principaux points inscrits au programme de votre cours.

Ces séries de ***tests*** viennent donc ***en complément*** de vos cours, de vos manuels, de vos exercices et annales ; elles en constituent le ***prolongement indispensable***. A ceux qui ont pu suivre un cours magistral ou qui ont étudié dans un manuel, ces tests permettent à tout moment de se rendre compte, vite et facilement, si la matière a été bien assimilée, et, à la veille de l'examen, de revoir en peu de temps l'essentiel du programme.

Les QCM sont des questions à choix multiple. A chaque question posée, il vous est proposé différentes réponses parmi lesquelles il vous faut cocher une réponse juste, plusieurs réponses justes, voire, pour certaines questions, toutes les réponses. Ce sont donc des questions fermées auxquelles vous devez répondre rapidement avec un temps de réflexion limité.

Les ***questions*** font l'objet d'un code étoilé pour vous permettre de bien évaluer votre niveau :

***** = facile ;

****** = difficulté moyenne ;

******* = difficile.

A la fin de chaque série de QCM, vous sont proposés :

Une grille de dépouillement → sur laquelle vous reporterez, pour chaque question, le nombre de réponses correctes que vous aurez cochées, puis vous en effectuerez le total.

Un score sur 20 → pour avoir une moyenne sur 20 :
vous devez diviser le total de vos réponses correctes par le nombre de bonnes réponses exigées à ce test et le multiplier par 20.

Des réponses justifiées → qui vous apportent des définitions, des explications.

Ainsi, la lecture de ce livre permet non seulement un autocontrôle de ses connaissances mais aussi, par révision systématique, d'en acquérir de nouvelles en conformité avec le programme du cours.

CHAPITRE 1

Les sources du droit du travail

1 – *La Révolution de 1789 pose le principe fondamental de la liberté du travail et en conséquence interdit tout groupement professionnel :*

*

❒ a. vrai
❒ b. faux

2 – *Le droit du travail a 2 sources : les sources imposées aux partenaires sociaux et les sources négociées par les partenaires sociaux :*

*

❒ a. vrai
❒ b. faux

3 – *La première loi sociale a fixé l'âge d'embauche des enfants dans les usines de plus de 20 ouvriers à :*

*

❒ a. 6 ans
❒ b. 8 ans
❒ c. 10 ans

4 – *Parmi les différentes présentations ci-dessous laquelle correspond à la bonne hiérarchie des normes juridiques (partir du texte le plus élevé, pour aller vers le plus faible) :*
***
❒ a. le contrat de travail – la Constitution – le traité – la loi – le règlement – la convention collective – l'usage
❒ b. la Constitution – le traité – la loi – la convention collective – le règlement – l'usage – le contrat de travail
❒ c. la Constitution – le traité – la loi – le règlement – la convention collective – l'usage – le contrat de travail
❒ d. la Constitution – le traité – la convention collective – la loi – le règlement – le contrat de travail – l'usage

5 – *Un usage devient un droit acquis pour le salarié dès que l'employeur l'accorde une fois :*
**
❒ a. vrai
❒ b. faux

6 – *Les Accords de Matignon ont fixé la durée légale du travail à :*
*
❒ a. 48 h
❒ b. 40 h
❒ c. 39 h

7 – *La liberté d'association professionnelle (le syndicat) a été adoptée par une loi votée en :*
**
❒ a. 1841
❒ b. 1871
❒ c. 1884
❒ d. 1936

8 – *Les règlements communautaires ne sont pas directement applicables aux entreprises françaises car ils n'ont pas la primauté sur les lois internes :*
**
❒ a. vrai
❒ b. faux

9 – *La 5e semaine de congés payés a été accordée en :*
*
❒ a. 1968
❒ b. 1981
❒ c. 1982

10 – *La création de l'Inspection du travail date de :*
*
❐ a. 1936
❐ b. 1945
❐ c. 1874

11 – *Parmi les numéros d'article suivants, lesquels permettent de codifier les dispositions concernant le droit du travail :*
*
❐ a. L. 131 – 2 – 3 (pour les dispositions issues d'une loi)
❐ b. J. 241 – 3 – 5 (pour les dispositions issues de la jurisprudence de la cour de Cassation)
❐ c. D. 441 – 2 – 1 (pour les dispositions issues d'un décret)
❐ d. R. 345 – 3 – 7 (pour les dispositions issues d'un règlement)

12 – *L'instauration du régime d'assurance chômage est d'origine :*
*
❐ a. législative
❐ b. réglementaire
❐ c. conventionnelle

13 – *La jurisprudence représente l'interprétation faite par les tribunaux (de la première à la dernière instance) des textes de lois et conventions à l'occasion des litiges du travail qui leur sont soumis :*
**
❐ a. vrai
❐ b. faux

14 – *L'Organisation Internationale du Travail (OIT), institution spécialisée de l'ONU, élabore des conventions qui s'appliquent aux États membres :*
**
❐ a. vrai
❐ b. faux

15 – *Un employeur peut dénoncer un usage à condition :*
***
❐ a. d'en informer par lettre recommandée l'inspecteur du travail
❐ b. d'en informer à l'avance le comité d'entreprise (ou les délégués du personnel) puis individuellement chaque salarié concerné
❐ c. d'en négocier la suppression avec les syndicats de l'entreprise

Grille de dépouillement

N° QUESTIONS	BONNES RÉPONSES	NOMBRE DE RÉPONSES CORRECTES	N° QUESTIONS	BONNES RÉPONSES	NOMBRE DE RÉPONSES CORRECTES
1	a		9	c	
2	a		10	c	
3	b		11	a – c – d	
4	c		12	c	
5	b		13	a	
6	b		14	b	
7	c		15	b	
8	b				

TOTAL [ ] TOTAL [ ]

\+ [ ] +

Score sur 20

$$\frac{[\ \ ] \times 20}{17} = \quad /20$$

Réponses

1 – bonne réponse : ❒ a

Avant 1789, les relations du travail sont officiellement fixées par le droit des corporations. Les corporations regroupent tous ceux qui exercent une activité dans un secteur déterminé : maîtres et compagnons. Pour travailler, il faut en être membre et en respecter les règles. À côté des corporations se développent, dans le secret, les compagnonnages. Une ébauche de relations collectives entre compagnons et maîtres apparaît. La Révolution de 1789 rompt avec l'ordre ancien, elle donne la primauté à l'individu et favorise le règne du libéralisme économique. La liberté du travail, du commerce et de l'industrie est proclamée par la loi d'Allarde (2-17 mars 1791). La faculté de travailler devient la première propriété, la plus sacrée, la plus imprescriptible. Dans le même temps, la loi Le Chapelier (14-17 juin 1791) interdit les corporations au nom de la négation d'un intérêt professionnel entre citoyens d'une même profession.

2 – bonne réponse : ❒ a

La Constitution, les traités ratifiés par la France, les règlements communautaires, la loi et les règlements constituent des sources imposées aux partenaires sociaux.

Les conventions collectives, l'usage et le contrat de travail constituent des sources négociées entre les partenaires sociaux.

3 – bonne réponse : ❒ b

La première loi sociale date du 22 mars 1841. Elle concerne les enfants : interdiction du travail de nuit pour les enfants de moins de 8 ans, durée maximale de travail fixée à 8 heures pour les enfants de 8 à 12 ans, 12 h pour ceux de 12 à 16 ans...

4 – bonne réponse : ❒ c

En principe aucune norme de niveau inférieure ne peut être contraire à la norme de niveau supérieure. La hiérarchie est la suivante :

- la Constitution de 1958 (son préambule ainsi que celui de la Constitution de 1946 auquel il est fait renvoi et la déclaration des droits de l'homme et du citoyen de 1789) : elle est au plus haut degré dans la hiérarchie. Elle fixe les grands principes généraux du droit notamment les grands principes en droit social : droit au travail, droit syndical, droit de grève, ... ;

– les traités et conventions internationales (droit communautaire inclus). Dans le cadre de l'Union européenne, de nombreux règlements ou directives intéressent le droit du travail. Des décrets intègrent (avec retard parfois) l'essentiel de leurs dispositions dans le Code du travail ;
– les lois et ordonnances ;
– les règlements (décrets et arrêtés) ;
– les conventions et accords collectifs de travail ;
– les usages et les engagements unilatéraux de l'employeur ;
– le contrat de travail.

5 – bonne réponse : ❒ b

L'usage ne devient un droit acquis pour les salariés que dans le cas où il constitue une pratique constante et répétée de l'employeur (exemple : le versement depuis 5 ans d'un treizième mois aux salariés de l'entreprise).

6 – bonne réponse : ❒ b

Les Accords de Matignon (7 juin 1936) dans la foulée du front populaire, ont permis d'obtenir : la semaine de 40 h, les premiers congés payés (2 semaines), les délégués ouvriers, les conventions collectives.

7 – bonne réponse : ❒ c

La loi du 21 mars 1884 – votée sous le Second Empire – consacre le principe de la liberté d'association professionnelle.

8 – bonne réponse : ❒ b

Les règlements communautaires ont la primauté sur les lois internes et elles sont directement applicables dans les entreprises. Par contre, les directives communautaires fixent aux États membres des objectifs à atteindre en leur laissant le choix des moyens.

9 – bonne réponse : ❒ c

1936 : 2 semaines de congés payés

1956 : 3 semaines de congés payés

1969 : 4 semaines de congés payés

1982 : 5 semaines de congés payés

10 – bonne réponse : ❒ c

Faute de contrôle dans les entreprises elles-mêmes, les premières lois sociales ne furent pas respectées. Pour limiter les abus patronaux, particulièrement sur les plus faibles, un corps d'inspecteurs du travail fut créé le 19 mai 1874. Il a pour mission de faire respecter les interdictions (âge d'accès, durée du travail).

11 – bonnes réponses : ❒ a ❒ c ❒ d

L'ensemble des textes relatifs au droit du travail sont codifiés et regroupés au sein du Code du travail. Il comprend 3 parties :

1re partie : textes législatifs (lettre L).

2e partie : les règlements et décrets en Conseil d'État (lettre R).

3e partie : les décrets simples (lettre D).

12 – bonne réponse : ❒ c

Le régime d'assurance-chômage est d'origine conventionnelle. Il a été créé le 30 décembre 1958. Il est géré paritairement par les organisations syndicales représentatives des salariés et par les organisations patronales. Sa gestion est assurée par :

- l'UNEDIC : l'Union nationale interprofessionnelle pour l'emploi dans l'industrie et le commerce : elle contrôle, regroupe et coordonne les ASSEDIC ;
- les ASSEDIC : les Associations pour l'emploi dans l'industrie et le commerce : elles sont chargées de l'affiliation des entreprises, du recouvrement des cotisations et du versement des diverses allocations.

13 – bonne réponse : ❒ a

Les différents tribunaux concernés par l'application du droit du travail sont amenés, à l'occasion des litiges qui leur sont soumis, à prononcer un jugement. L'ensemble des décisions rendues par les tribunaux dans des cas semblables constitue la jurisprudence en permettant de déduire des principes de droit. Un jugement qui fait jurisprudence est un jugement qui sert de référence.

14 – bonne réponse : ❐ b

Les conventions de l'OIT ne sont applicables qu'aux États membres qui les ratifient car ils décident d'en appliquer les règles.

15 – bonne réponse : ❐ b

L'employeur peut imposer aux salariés, contre leur gré, la suppression d'avantages créés par voie d'usage. Il doit dans ce cas : informer le CE (ou DP) dans un délai permettant d'éventuelles négociations puis informer les salariés, individuellement, en respectant un délai de prévenance suffisant. Les syndicats et l'inspection du travail n'ont pas à intervenir.

CHAPITRE 2

L'inspection du travail

1 – ***L'inspection du travail est un service extérieur du Ministère du travail. Elle a compétence pour intervenir dans toutes les entreprises, aussi bien privées que publiques, occupant au moins un salarié :***

*

❐ a. vrai

❐ b. faux

2 – ***Le pouvoir de contrôle de l'inspecteur du travail s'applique :***

**

❐ a. aux dispositions du Code du travail

❐ b. aux dispositions du Code du travail et aux conventions et accords collectifs nationaux ayant fait l'objet d'un arrêté d'extension

❐ c. aux dispositions du Code du travail ainsi qu'aux conventions et accords collectifs

3 – ***L'inspecteur du travail dispose d'un pouvoir de décision. Parmi les cas énoncés ci-dessous, quels sont ceux qui relèvent de sa compétence :***

***

- ❒ a. un litige concernant le calcul des congés payés
- ❒ b. une clause contraire à la loi dans un règlement intérieur
- ❒ c. le non-paiement des heures supplémentaires
- ❒ d. le licenciement pour faute grave d'un salarié délégué du personnel
- ❒ e. un litige concernant la répartition des sièges entre les catégories du personnel

4 – ***L'employeur est tenu d'afficher le nom, l'adresse et le téléphone de l'inspecteur du travail dès qu'il occupe :***

*

- ❒ a. au moins 1 salarié
- ❒ b. plus de 10 salariés
- ❒ c. plus de 20 salariés
- ❒ d. plus de 50 salariés

5 – ***Dans le cadre de sa mission de service public, l'inspecteur du travail est lié, entre autre, par une obligation d'impartialité :***

*

- ❒ a. vrai
- ❒ b. faux

6 – ***Lorsque l'inspecteur du travail exerce son droit de visite dans une entreprise assujettie à son contrôle, il doit :***

*

- ❒ a. obligatoirement être accompagné de l'employeur
- ❒ b. obligatoirement être accompagné de l'employeur et des représentants du personnel
- ❒ c. seulement informer l'employeur de sa présence
- ❒ d. obligatoirement être accompagné des représentants du personnel

7 – ***À l'occasion d'un contrôle effectué au sein d'une entreprise, l'inspecteur du travail constate des infractions en matière d'emploi. Il demande la communication des registres comptables pour examiner le paiement des salaires du personnel. Cette demande est :***

*

- ❒ a. illégale
- ❒ b. légale

8 – *L'employeur ne peut licencier un salarié sans l'autorisation préalable de l'inspecteur du travail :*

*

❒ a. vrai

❒ b. faux

9 – *Un inspecteur du travail a compétence pour effectuer les actes de sa mission sur l'ensemble du territoire français :*

*

❒ a. vrai

❒ b. faux

10 – *L'inspecteur du travail doit informer l'employeur de sa visite en respectant un délai de prévenance :*

*

❒ a. de 2 jours francs avant la date fixée pour la visite

❒ b. de 5 jours francs avant la date fixée pour la visite

❒ c. aucun délai n'est prévu par la loi

11 – *Les décisions de l'inspection du travail qui doivent être motivées sont :*

**

❒ a. les décisions individuelles favorables

❒ b. les décisions individuelles défavorables

12 – *Le tribunal compétent pour sanctionner les obstacles mis à l'accomplissement de la mission de l'inspecteur du travail ou de ses assistants est :*

**

❒ a. le conseil de prud'hommes

❒ b. le tribunal administratif

❒ c. le tribunal d'instance

❒ d. le tribunal correctionnel

13 – *En cas de danger grave et imminent pour les salariés, l'inspecteur du travail a tout pouvoir pour fermer temporairement l'entreprise :*

**

❒ a. vrai

❒ b. faux

14 – *À l'occasion d'une visite d'entreprise, l'inspecteur du travail constate des infractions à propos de la durée du travail et du repos hebdomadaire. Parmi les moyens énoncés ci-dessous, indiquez celui qui permet à l'inspecteur du travail de constater les infractions :*

**

❐ a. une amende
❐ b. un procès-verbal
❐ c. une mise en demeure

15 – *Un employeur refuse à un contrôleur du travail la possibilité de consulter les registres de l'entreprise, ainsi que la visite, avec les délégués du personnel, des locaux de l'entreprise, notamment les installations relatives à l'hygiène, au nom du fait que seul l'inspecteur du travail est habilité dans ces domaines car lui seul est assermenté. L'employeur est-il dans son droit :*

***

❐ a. oui
❐ b. non

Grille de dépouillement

N° QUESTIONS	BONNES RÉPONSES	NOMBRE DE RÉPONSES CORRECTES	N° QUESTIONS	BONNES RÉPONSES	NOMBRE DE RÉPONSES CORRECTES
1	b		9	b	
2	c		10	c	
3	b –d – e		11	b	
4	a		12	d	
5	a		13	b	
6	c		14	b	
7	a		15	b	
8	b				
	TOTAL			TOTAL	

\+ \+

Score sur 20

$$\frac{\boxed{} \times 20}{17} = \quad /20$$

Réponses

1 – bonne réponse : ❒ b

L'inspection du travail ne peut intervenir que dans les entreprises privées employant des salariés, à l'exception de celles relevant d'un contrôle particulier (agriculture, énergie électrique et gaz, mines et carrières, transport, entreprises travaillant pour la défense nationale).

2 – bonne réponse : ❒ c

L'inspecteur du travail est chargé de veiller à l'application des dispositions du Code du travail dans tous les domaines ainsi que celles des conventions et accords collectifs (code du travail, art. L. 611-1).

3 – bonnes réponses : ❒ b ❒ d ❒ e

L'inspecteur du travail est amené, dans certains cas, à donner son autorisation ou dans certains litiges à rendre une décision. Il en est ainsi concernant l'autorisation de licenciement de salariés protégés, le contrôle de la légalité du règlement intérieur, l'autorisation pour des dérogations à la réglementation de la durée du travail, les litiges concernant l'organisation de la représentation du personnel, les litiges concernant le départ en congé de formation...

4 – bonne réponse : ❒ a

Tout employeur est tenu d'afficher, à l'emplacement réservé aux communications destinées au personnel, le nom, l'adresse et le téléphone de l'inspecteur du travail et ce quelque soit le nombre de salariés occupés (code du travail, art. L. 620-5).

5 – bonne réponse : ❒ a

L'inspecteur du travail doit être à même, quelque soit la personne qui le consulte, salarié ou employeur, d'expliciter la signification de dispositions législatives ou réglementaires. Cette information doit revêtir une forme neutre.

6 – bonne réponse : ❒ c

L'inspecteur du travail peut pénétrer, librement et sans avertissement préalable, dans tout établissement assujetti à son contrôle et cela à toute heure du jour et de la nuit (en fonction des horaires de travail de l'entreprise). Au sein de l'entreprise, il circule librement accompagné ou non de l'employeur et/ou d'un délégué du personnel. Si sa visite fait suite à une demande d'un délégué du personnel, il doit se faire accompagner par lui (code du travail, art. L. 611-8).

7 – bonne réponse : ❒ a

La demande est irrégulière. En effet, l'inspecteur du travail ne peut se faire communiquer que les seuls livres et registres prévus par la loi et les règlements en vigueur ; les documents comptables n'y figurent pas (code du travail, art. L. 611-9).

8 – bonne réponse : ❒ b

L'autorisation préalable de l'inspecteur du travail ne concerne que le licenciement des salariés protégés (représentants du personnel – DP ou CE –, représentants au CHSCT, délégués syndicaux, conseillers prud'hommes, conseiller du salarié en cas de licenciement...).

9 – bonne réponse : ❒ b

La compétence de l'inspecteur du travail est déterminée territorialement. Sa compétence ne peut s'appliquer que dans le cadre de sa section d'inspection qui concerne une circonscription déterminée.

10 – bonne réponse : ❒ c

L'inspecteur du travail peut faire précéder sa visite d'un avis de passage. Cette pratique n'a rien d'obligatoire, par contre il doit informer ou faire informer l'employeur de sa présence dans l'entreprise.

11 – bonne réponse : ❒ b

Les décisions de l'inspection du travail sont soumises aux règles du droit administratif. Seules les décisions individuelles défavorables doivent être motivées.

12 – bonne réponse : ❒ d

Les dispositions du code pénal concernant les actes de résistance, les outrages et les violences contre les officiers de police judiciaire sont applicables à ceux qui se rendent coupables de faits similaires à l'égard des inspecteurs et contrôleurs du travail. Tout obstacle mis à l'accomplissement de la mission de l'inspecteur du travail ou de ses assistants constitue donc un délit et relève du tribunal correctionnel (code du travail, art. L. 631-1 et L. 631-2).

13 – bonne réponse : ❒ b

L'inspecteur du travail doit saisir le juge des référés (le président du tribunal de grande instance) pour qu'il ordonne toute mesure d'urgence propre à faire cesser un risque de danger grave et imminent pour des salariés : fermeture temporaire de l'entreprise, atelier, saisie des matériels... (code du travail, art. L. 263-1).

Sur un chantier du bâtiment et travaux publics, il peut directement prescrire l'arrêt temporaire du chantier lorsqu'il existe un danger grave et imminent pour des salariés présents sur le chantier.

14 – bonne réponse : ❒ b

En matière d'infraction à la législation du travail, l'inspecteur du travail établit un procès-verbal qui fait foi jusqu'à preuve du contraire. Le procès-verbal mentionne la ou les dispositions violées, la qualité et l'état civil du contrevenant et éventuellement la récidive. Deux exemplaires sont transmis, l'un au parquet (procureur de la République) aux fins de poursuite ; l'autre à la direction régionale du travail et de l'emploi ; un double est adressé au préfet (code du travail, art. L. 611-10).

15 – bonne réponse : ❒ b

L'inspecteur du travail est assisté de contrôleurs du travail qui, placés sous son autorité, ont des missions de contrôle et d'enquête. Ils n'ont donc pas besoin d'être accompagnés d'un inspecteur du travail, ni d'être détenteurs d'une mission écrite pour l'accomplissement de leur mission. Le refus de l'employeur est injustifié et il s'expose aux sanctions prévues en cas d'obstacle à l'accomplissement des devoirs d'un contrôleur du travail ou d'un inspecteur du travail (code du travail, art. L. 611-12).

CHAPITRE 3

La négociation collective

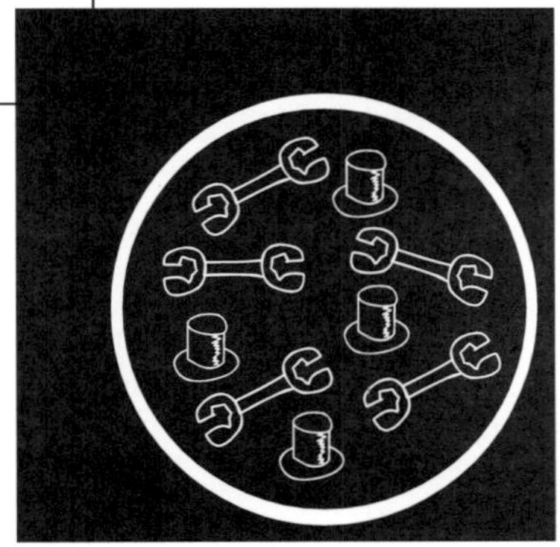

1 – ***Parmi les propositions suivantes, quelles sont celles qui relèvent du domaine de la négociation collective :***

******

❒ a. un contrat de travail
❒ b. une convention collective de branche
❒ c. un règlement intérieur
❒ d. un accord professionnel
❒ e. un accord collectif d'entreprise
❒ f. une convention de conversion

2 – ***Le droit de négocier et de signer une convention collective est réservé :***

*****

❒ a. aux syndicats représentatifs des salariés
❒ b. aux représentants des chambres de commerce ou des chambres de métier
❒ c. aux organisations d'employeurs
❒ d. aux syndicats d'usagers

3 – *Un accord collectif peut contenir des dispositions plus favorables que celles des lois et règlements en vigueur ; il peut également déroger à certaines dispositions d'ordre public :*

*

❒ a. vrai ❒ b. faux

4 – *Lorsqu'une convention collective est conclue, un ou plusieurs exemplaires doivent être déposés auprès de certains organismes dans le ressort duquel elle a été conclue :*

**

❒ a. auprès de l'inspection du travail
❒ b. auprès de la DDTE
❒ c. auprès du conseil de prud'hommes
❒ d. auprès du tribunal d'instance

5 – *La négociation entre partenaires sociaux a un caractère obligatoire :*

*

❒ a. vrai ❒ b. faux

6 – *Si une convention collective est conclue pour une durée déterminée, sa durée ne peut être supérieure à :*

**

❒ a. 3 ans
❒ b. 5 ans
❒ c. 7 ans

7 – *Une convention ou un accord collectif peut être dénoncé à condition :*

*

❒ a. qu'il soit conclu pour une durée déterminée
❒ b. qu'il n'ait pas fait l'objet d'un arrêté d'extension
❒ c. qu'il soit conclu pour une durée indéterminée

8 – *Les salariés d'une entreprise sont informés de l'existence d'une convention collective par :*

**

❒ a. la remise individuelle d'un exemplaire de la convention collective par l'employeur
❒ b. l'affichage par l'employeur d'un avis sur les lieux de travail à l'emplacement réservé aux communications au personnel
❒ c. l'affichage par l'employeur du texte intégral de l'accord sur les lieux de travail à l'emplacement réservé aux communications au personnel

9 – *Un accord d'entreprise est légalement valable s'il est signé par :*
**

- ❒ a. l'employeur et au moins une des organisations syndicales présentes dans l'entreprise
- ❒ b. l'employeur et l'ensemble des organisations syndicales présentes dans l'entreprise
- ❒ c. l'employeur seul

10 – *Une convention collective d'entreprise peut être négociée à la seule condition qu'une convention collective de branche ou un accord professionnel soit applicable dans l'entreprise :*
**

- ❒ a. vrai
- ❒ b. faux

11 – *Un accord d'entreprise est légalement dénoncé par l'employeur au cours d'une réunion du comité d'entreprise à laquelle assistent les représentants syndicaux appartenant aux organisations syndicales signataires de l'accord :*
**

- ❒ a. vrai
- ❒ b. faux

12 – *Une convention collective de branche ordinaire est applicable :*
**

- ❒ a. aux adhérents des organisations signataires
- ❒ b. aux employeurs membres d'une des organisations patronales signataires
- ❒ c. aux salariés membres d'une des organisations syndicales de salariés signataires
- ❒ d. aux salariés dont l'employeur est membre d'une des organisations patronales signataires

13 – *Pour qu'une convention ou un accord collectif soit légalement dénoncé il faut :*
***

- ❒ a. que la dénonciation émane de l'ensemble des signataires employeurs ou salariés
- ❒ b. que la dénonciation soit notifiée par son auteur aux autres signataires de la convention ou de l'accord

❐ c. que la dénonciation fasse l'objet d'un dépôt auprès de la DDTE et du conseil de prud'hommes

❐ d. que la dénonciation soit motivée

❐ e. que l'inspecteur du travail en soit informé par lettre recommandée avec AR

14 – ***Pour qu'une entreprise soit comprise dans le champ d'application professionnel d'une convention ou d'un accord collectif, il suffit de se référer au code NAF/APE délivré par l'INSEE :***

*

❐ a. vrai

❐ b. faux

15 – ***Une convention ou un accord collectif ordinaire s'applique à toute entreprise entrant dans le champ d'application professionnel et territorial à condition :***

**

❐ a. qu'il y ait dans l'entreprise au moins une section syndicale d'un des syndicats de salariés signataires

❐ b. que l'employeur soit affilié à l'une des organisations patronales signataires

❐ c. que l'employeur adhère, après la conclusion de la convention ou de l'accord collectif, à l'une des organisations patronales signataires

❐ d. que l'employeur soit affilié à l'une des organisations patronales signataires et qu'il y ait dans l'entreprise au moins une section syndicale d'un des syndicats de salariés signataires

16 – ***Une convention collective ordinaire peut être étendue afin qu'elle s'applique à toute entreprise entrant dans son champ d'application professionnel et territorial par :***

***

❐ a. un simple accord des parties signataires

❐ b. un arrêté du ministre du Travail

❐ c. un arrêté du ministre du Travail sur la demande, au moins, d'une des parties signataires

17 – ***Une convention collective dont le champ d'application territorial est limité à la région Bretagne est-elle applicable aux 2 établissements d'une entreprise situés dans cette région mais dont le siège social est situé à Paris ?***

**

- ❒ a. oui
- ❒ b. non

18 – ***La dénonciation par l'ensemble des signataires employeurs ou salariés met fin à la convention ou accord collectif qui cependant continue à produire effet :***

***

- ❒ a. pendant un délai de 6 mois après l'expiration du préavis
- ❒ b. pendant un délai d'un an après l'expiration du préavis
- ❒ c. pendant un délai de 15 mois après l'expiration du préavis
- ❒ d. jusqu'à la conclusion d'un accord de substitution dans le délai fixé

19 – ***Le droit d'opposition peut être exercé par les syndicats non signataires d'un accord dérogatoire à condition :***

***

- ❒ a. d'avoir recueilli les voix de plus de la moitié des votants lors des dernières élections au CE ou à défaut au DP
- ❒ b. d'avoir recueilli les voix de plus de la moitié des inscrits lors des dernières élections au CE ou à défaut au DP
- ❒ c. d'avoir recueilli les voix de plus de la moitié des suffrages exprimés lors des dernières élections au CE ou à défaut au DP

20 – ***Si aucun accord de substitution n'est conclu après la dénonciation d'une convention ou accord collectif :***

***

- ❒ a. les salariés des entreprises concernées conservent les avantages individuels qu'ils ont acquis en application de la convention ou de l'accord collectif
- ❒ b. les salariés des entreprises concernées perdent les avantages individuels qu'ils ont acquis en application de la convention ou de l'accord collectif
- ❒ c. les salariés des entreprises concernées perdent les avantages collectifs qu'ils ont acquis en application de la convention ou de l'accord collectif

Grille de dépouillement

N° QUESTIONS	BONNES RÉPONSES	NOMBRE DE RÉPONSES CORRECTES	N° QUESTIONS	BONNES RÉPONSES	NOMBRE DE RÉPONSES CORRECTES
1	b – d – e		11	b	
2	a – c		12	b – d	
3	a		13	b – d	
4	b – c		14	b	
5	a		15	b – c	
6	b		16	b	
7	c		17	a	
8	b		18	b – d	
9	a		19	b	
10	b		20	a – c	
	TOTAL			TOTAL	

\+ +

Score sur 20

$$\frac{\square \times 20}{29} = \quad /20$$

Réponses

1 – bonnes réponses : ❐ b ❐ d ❐ e

La négociation collective a pour objectif la discussion et la conclusion de conventions et accords collectifs de travail portant sur les conditions d'emploi et de travail des salariés et/ou leurs garanties sociales. Il existe différents types de conventions et accords collectifs de travail :

– *les conventions collectives de branche* : elles sont conclues au niveau des branches d'activité. Une branche d'activité regroupe un ensemble de professions. Elles ont pour vocation de définir l'ensemble des conditions d'emploi et de travail ainsi que les garanties sociales des salariés concernés ;
– *les accords professionnels ou interprofessionnels* : ils sont conclus au niveau soit d'une branche professionnelle soit de l'ensemble des branches professionnelles. Ils ne traitent qu'une partie seulement des points abordés par les conventions collectives de branche ;
– *les conventions et accords collectifs d'entreprise* : ils sont conclus au niveau d'une entreprise. L'objectif est d'adapter la convention collective de branche ou l'accord collectif au niveau de l'entreprise.

(code du travail, art. L. 132-1).

2 – bonnes réponses : ❐ a ❐ c

Les signataires d'une convention collective sont :

– d'une part, une ou plusieurs organisations syndicales de salariés représentatives dans le champ d'application de l'accord ;
– et d'autre part, une ou plusieurs organisations syndicales d'employeurs, ou groupement d'employeurs ou un ou plusieurs employeurs pris individuellement.

(code du travail, art. L. 132-2).

3 – bonne réponse : ❐ a

Les conventions et accords collectifs visent à assurer une meilleure protection des salariés. Leur finalité est d'améliorer la situation des salariés à chaque fois que cela est possible. Ainsi, conventions et accords collectifs ne peuvent comporter des dispositions moins favorables aux salariés que celles des lois et règlements en vigueur.

Cependant lorsque la loi le prévoit, les partenaires sociaux peuvent déroger à certaines dispositions législatives, réglementaires ou conventionnelles par la signature d'un accord dérogatoire. Les syndicats représentatifs non signataires de l'accord disposent d'un droit d'opposition. Il est ainsi possible de déroger à la réglementation relative à la durée et l'organisation du temps de travail, à des dispositions salariales conclues au niveau professionnel ou interprofessionnel et à la conclusion des accords collectifs par un syndicat représentatif (code du travail, art. L. 132-7 et L. 132-26).

4 – bonnes réponses : ❒ b ❒ c

La convention collective doit être déposée en 5 exemplaires auprès de la DDTE et en 1 exemplaire au secrétariat-greffe du conseil de prud'hommes du lieu de conclusion.

Le dépôt peut intervenir dès la signature de l'accord ou après un délai de 8 jours dans le cas où il contient des dispositions dérogatoires afin de permettre l'exercice du droit d'opposition des syndicats non signataires (code du travail, art. L. 132-10).

5 – bonne réponse : ❒ a

La loi impose des obligations de négocier tant au niveau de l'entreprise qu'au niveau des branches professionnelles.

Dans toute entreprise où est constituée une ou plusieurs sections syndicales d'organisations représentatives, l'employeur est tenu d'engager une fois par an une négociation sur les salaires effectifs, la durée effective et l'organisation du temps de travail.

Les organisations signataires de conventions de branche ou d'accords collectifs sont tenues à une négociation périodique obligatoire sur :

– les salaires une fois par an, cette négociation sera aussi l'occasion d'un examen de l'évolution et des prévisions annuelles ou pluriannuelles d'emploi établies dans la branche et des actions éventuelles de prévention envisagées ;
– les classifications une fois tous les 5 ans ;
– les objectifs et les moyens de la formation une fois tous les 5 ans.

(code du travail, art. L. 132-27).

6 – bonne réponse : ❒ b

La durée d'une convention collective conclue pour une durée déterminée ne peut excéder 5 ans. (code du travail, art. L. 132-6).

7 – bonne réponse : ❒ c

Une convention ou un accord collectif peut être dénoncé par tout ou partie des signataires à condition qu'il soit conclu pour une durée indéterminée, qu'il ait fait ou non l'objet d'un arrêté d'extension (code du travail, art. L. 132-8).

8 – bonne réponse : ❒ b

L'employeur concerné par l'application d'une convention collective ou d'un accord collectif doit :

- afficher à l'emplacement réservé aux communications destinées au personnel un avis comportant l'intitulé de la convention collective applicable à l'entreprise et précisant les modalités destinées à faciliter sa consultation par le personnel pendant le temps de présence sur le lieu de travail ;
- procurer un exemplaire au CE, aux DP et aux délégués syndicaux ;
- tenir un exemplaire à la disposition du personnel.

(code du travail, art. L. 135-7 et R. 135-1).

9 – bonne réponse : ❒ a

La validité d'un accord d'entreprise n'est pas subordonnée à la signature de l'ensemble des organisations syndicales dès lors que la négociation a été régulièrement menée jusqu'à son terme (code du travail, art. L. 132-19).

10 – bonne réponse : ❒ b

Une convention collective d'entreprise (ou accord collectif d'entreprise) peut être négociée même en l'absence d'une convention collective de branche ou d'un accord professionnel applicable à l'entreprise. Selon le cas, la convention collective a pour objet soit d'adapter la convention collective de branche ou l'accord professionnel au niveau de l'entreprise, soit de définir l'ensemble des conditions d'emploi et de travail ainsi que les garanties sociales des salariés concernés (code du travail, art. L. 132-23).

11 – bonne réponse : ❒ b

La dénonciation est nulle car l'employeur n'a pas respecté la procédure prévue par la loi. La dénonciation doit être notifiée aux autres signataires et déposée auprès de la DDTE et du conseil de prud'hommes (code du travail, art. L. 132-8).

12 – bonnes réponses : ❒ b ❒ d

Une convention collective de branche ordinaire s'applique à tout employeur membre d'une des organisations patronales signataires et à tous les salariés de l'entreprise qu'ils soient membres ou non d'une des organisations syndicales de salariés signataires (code du travail, art. L. 135-1).

L'affiliation syndicale du salarié est indifférente.

13 – bonnes réponses : ❒ b ❒ d

La dénonciation peut émaner d'une partie seulement des signataires employeurs ou salariés. Elle doit être notifiée par son auteur aux autres signataires de la convention ou de l'accord et doit donner lieu à un dépôt auprès de la DDTE et du conseil de prud'hommes. Elle n'a pas à être motivée sauf clause contraire de la convention ou de l'accord (code du travail, art. L. 132-8).

14 – bonne réponse : ❒ b

La convention collective applicable est déterminée par l'activité principale de l'entreprise. Le code NAF/APE de la nomenclature de l'INSEE – qui figure sur le bulletin de paie – n'est pas à lui seul déterminant pour définir celle-ci. D'autres critères peuvent être pris en compte : l'affiliation syndicale de l'employeur, le chiffre d'affaires le plus élevé, la finalité économique de l'entreprise. Le code NAF (nomenclature d'activités françaises) a remplacé le code APE (activité principale exercée).

15 – bonnes réponses : ❒ b ❒ c

Une convention ou un accord collectif ordinaire s'applique aux salariés d'une entreprise à la seule condition que l'employeur soit affilié ou adhère à l'une des organisations patronales signataires (code du travail, art. L. 135-2).

16 – bonne réponse : ❒ b

Une convention collective ordinaire peut être étendue. Elle doit avoir été négociée en commission mixte où était convoqué l'ensemble des organisations représentatives. Pour être étendue, la convention collective de branche doit comporter une série de dispositions obligatoires (droit syndical, classification, conditions de travail, formation, ...). L'extension est prononcée par arrêté du ministre du Travail publié au JO en même temps que le texte de la convention après avis motivé de la commission nationale de la négociation collective. La demande d'extension peut être engagée soit à la demande d'une des organisations signataires soit à l'initiative du ministre du Travail. (code du travail, art. L. 133-1).

17 – bonne réponse : ❒ a

Seule la localisation géographique de l'établissement où s'effectue le travail est déterminante pour l'applicabilité d'une convention ou accord collectif.

18 – bonnes réponses : ❒ b ❒ d

La convention ou l'accord dénoncé continue à produire effet pendant un délai d'un an après l'expiration du préavis sauf clause prévoyant une durée plus longue ou jusqu'à la conclusion d'un accord de substitution dans le délai fixé (code du travail, art. L. 132-8).

19 – bonne réponse : ❒ b

Les syndicats ne peuvent exercer un droit d'opposition à un accord dérogatoire que s'ils ont recueilli les voix de plus de la moitié des inscrits lors des dernières élections au CE ou à défaut au DP. Ce droit doit s'exercer dans les 8 jours suivant la signature de l'accord (code du travail, art. L. 132-7).

20 – bonnes réponses : ❒ a ❒ c

Si aucun accord de substitution n'est conclu après la dénonciation d'une convention ou accord collectif, les salariés des entreprises concernées conservent seulement les avantages individuels qu'ils ont acquis en application de la convention ou de l'accord collectif. L'avantage doit correspondre à un droit déjà acquis et non à un droit simplement virtuel (exemple : les avantages liés à la rupture du contrat de travail ne sont pas des droits acquis puisqu'ils n'ont pas trouvé à s'exercer avant la rupture) (code du travail, art. L. 132-8).

CHAPITRE 4

Le règlement intérieur

1 – ***Le règlement intérieur est obligatoire dans toute entreprise employant au moins :***

*

❒ a. 1 salarié
❒ b. 10 salariés
❒ c. 20 salariés
❒ d. 50 salariés

2 – ***Parmi les clauses suivantes, quelles sont celles qui ne relèvent pas du règlement intérieur :***

***

❒ a. le respect des horaires
❒ b. la nécessité de prévenir l'employeur en cas d'absence ou de retard
❒ c. la durée de la période d'essai
❒ d. les modalités de la prime de fin d'année
❒ e. la date de fermeture de l'entreprise pour congés payés

❐ f. le rappel des règles d'hygiène et de sécurité applicables dans l'entreprise
❐ g. l'interdiction d'introduire un journal dans l'entreprise
❐ h. l'échelle des sanctions

3 – *Le règlement intérieur est établi en commun par l'employeur et le comité d'entreprise :*

*

❐ a. vrai ❐ b. faux

4 – *Une retenue sur salaire en raison d'une faute du salarié ou d'une exécution volontairement défectueuse de sa prestation de travail est une sanction licite :*

*

❐ a. vrai ❐ b. faux

5 – *À partir du jour où il a eu connaissance du fait fautif du salarié, l'employeur dispose d'un délai pour sanctionner le salarié fautif. Passé ce délai, il y a prescription. Ce délai est de ;*

*

❐ a. 1 mois ❐ c. 3 mois
❐ b. 2 mois

6 – *Parmi les sanctions suivantes, quelles sont celles qui relèvent de la sanction disciplinaire :*

***

❐ a. l'avertissement
❐ b. la mise à pied disciplinaire
❐ c. une réprimande orale
❐ d. une réprimande orale accompagnée de mises en garde
❐ e. la mise à pied conservatoire
❐ f. le licenciement pour faute disciplinaire
❐ g. la mutation

7 – *Le règlement intérieur est applicable à tous les salariés après son dépôt au secrétariat-greffe du conseil de prud'hommes dans un délai minimal :*

*

❐ a. d'un jour franc
❐ b. d'un mois
❐ c. de deux mois

8 – *Si le règlement intérieur comporte des clauses illicites, seul est compétent pour en demander le retrait à l'employeur :*

**

❐ a. le conseil de prud'hommes
❐ b. le tribunal administratif
❐ c. l'inspecteur du travail
❐ d. le tribunal de grande instance

9 – *Le pouvoir disciplinaire de l'employeur s'applique dans toute entreprise doté d'un règlement intérieur :*

*

❐ a. vrai
❐ b. faux

10 – *Un employeur décide de sanctionner un salarié fautif récidiviste par un avertissement et une mise à pied. Le cumul des sanctions est-il possible ?*

**

❐ a. oui
❐ b. non

11 – *Quelle que soit la sanction envisagée, l'employeur est tenu de respecter la même procédure :*

**

❐ a. vrai
❐ b. faux

12 – *Un salarié s'estime injustement sanctionné. Il décide de contester la décision prise par son employeur en s'adressant :*

*

❐ a. au conseil de prud'hommes
❐ b. à l'inspecteur du travail
❐ c. au tribunal d'instance

13 – *Une entreprise commerciale qui comprend 3 établissements occupant respectivement 5, 12 et 6 salariés doit être dotée d'un règlement intérieur :*

**

❐ a. vrai
❐ b. faux

14 – *C'est au salarié de prouver aux juges que l'employeur l'a injustement sanctionné :*

**

❐ a. vrai
❐ b. faux

15 – *Un salarié reçoit une lettre d'avertissement pour avoir quitté son lieu de travail sans autorisation. Deux mois plus tard, pour le même fait, il est mis à pied 3 jours à la suite de la procédure disciplinaire. L'employeur peut-il sanctionner différemment une même faute ?*

**

❐ a. oui
❐ b. non

Grille de dépouillement

N° QUESTIONS	BONNES RÉPONSES	NOMBRE DE RÉPONSES CORRECTES	N° QUESTIONS	BONNES RÉPONSES	NOMBRE DE RÉPONSES CORRECTES
1	c		9	b	
2	c – d – e – g		10	b	
3	b		11	b	
4	b		12	a	
5	b		13	a	
6	a – b – f – g		14	b	
7	b		15	a	
8	c				
	TOTAL			TOTAL	

\+ \+

Score sur 20

$$\frac{\square \times 20}{21} = \quad /20$$

Réponses

1 – bonne réponse : ❒ c

Un règlement intérieur doit être établi dans toute entreprise ou établissement occupant au moins 20 salariés (code du travail, art. L. 122-33).

2 – bonnes réponses : ❒ c ❒ d ❒ e ❒ g

Le règlement intérieur est limité :
- aux mesures d'application de la réglementation en matière d'hygiène et sécurité ;
- aux règles générales et permanentes relatives à la discipline (notamment la nature et l'échelle des sanctions) ;
- aux dispositions relatives aux droits de la défense des salariés.

Il ne doit pas comporter :
- de clauses contraires aux lois, règlements ou conventions collectives ;
- de restrictions aux droits des personnes et aux libertés individuelles et collectives ;
- de dispositions discriminatoires (sexe, situation de famille, origines, opinions...).

(code du travail, art. L. 122-34).

3 – bonne réponse : ❒ b

Le règlement intérieur (RI) est établi par l'employeur selon la procédure d'élaboration suivante :
- il établit librement le projet de règlement intérieur ;
- il consulte pour avis les représentants du personnel (le CE ou DP sur l'ensemble du projet, le CHSCT sur les dispositions relatives à l'hygiène et à la sécurité) ;
- il transmet à l'inspecteur du travail 2 exemplaires du RI accompagnés des avis des représentants du personnel ;
- il dépose un exemplaire du RI auprès du secrétariat-greffe du conseil de prud'hommes ;
- il affiche le RI sur les lieux de travail et d'embauche avec sa date d'entrée en vigueur.

(code du travail, art. L. 122-34 et L. 122-36).

4 – bonne réponse : ❒ b

Les amendes ou autres sanctions pécuniaires sont interdites. Par contre, ne constitue pas une sanction pécuniaire la réduction d'une prime d'assiduité suite à une mise à pied ou la baisse de la rémunération consécutive à la rétrogradation sur un emploi différent (code du travail, art. L. 122-42).

5 – bonne réponse : ❒ b

Aucun fait fautif ne peut donner lieu à lui seul à l'engagement de poursuites disciplinaires au-delà d'un délai de 2 mois à compter du jour où l'employeur en a eu connaissance, à moins que ce fait ait donné lieu dans le même délai à l'exercice de poursuites pénales. Le délai de 2 mois peut être réduit par voie conventionnelle (code du travail, art. L. 122-44).

6 – bonnes réponses : ❒ a ❒ b ❒ f ❒ g

La sanction disciplinaire est une mesure autre que des observations verbales, prise par l'employeur à la suite d'un agissement du salarié, considéré par lui comme fautif, que cette mesure soit de nature à affecter immédiatement ou non la présence du salarié dans l'entreprise, sa fonction, sa carrière ou sa rémunération (code du travail, art. L. 122-40).

Contrairement à la mise à pied disciplinaire, la mise à pied conservatoire n'est pas une sanction mais une mesure provisoire s'inscrivant dans le cadre de la procédure disciplinaire.

7 – bonne réponse : ❒ b

Le règlement intérieur (RI) doit être déposé au secrétariat-greffe du conseil de prud'hommes un mois avant sa date d'entrée en vigueur (code du travail, art. L. 122-36).

8 – bonne réponse : ❒ c

L'inspecteur du travail peut à tout moment exiger le retrait ou la modification de clauses contraires à la loi. Sa décision est motivée et notifiée à l'employeur et communiquée, pour information, au CE (ou DP) et au CHSCT (code du travail, art. L. 122-37).

9 – bonne réponse : ❒ b

Le pouvoir disciplinaire de l'employeur s'applique dans toute entreprise sans condition d'effectif.

Pour une meilleure protection des salariés, la loi limite ce pouvoir disciplinaire par :

– une délimitation de la notion de sanction disciplinaire ;

– une procédure assurant les droits de la défense des salariés ;

– une extension du contrôle judiciaire.

10 – bonne réponse : ❒ b

Le cumul des sanctions n'est pas possible, l'employeur doit faire un choix.

11 – bonne réponse : ❐ b

Aucune sanction ne peut être prononcée sans qu'une procédure disciplinaire ait été respectée par l'employeur. La procédure à suivre par l'employeur dépend de la gravité de la sanction envisagée :

– *la procédure courte* (notification et motivation de la sanction) : elle s'applique si la sanction envisagée n'a pas d'incidence sur la présence du salarié dans l'entreprise, sa fonction, sa carrière ou sa rémunération ;
– *la procédure longue* (convocation à un entretien préalable, entretien préalable puis notification et motivation de la sanction) : elle s'applique si la sanction envisagée a une incidence sur la présence du salarié dans l'entreprise, sa fonction, sa carrière ou sa rémunération.

(code du travail, art. L. 122-41).

12 – bonne réponse : ❐ a

Le salarié peut contester la sanction de l'employeur en s'adressant au conseil de prud'hommes. Ce dernier contrôle la réalité des faits, le caractère fautif ou non, l'adéquation de la sanction et la régularité de la procédure. Il peut estimer que la sanction est : *injustifiée* (elle est annulée) ; *disproportionnée* (dans ce cas l'employeur peut décider d'infliger une nouvelle sanction dans le délai d'un mois après l'annulation de la première sanction sans avoir à recommencer la procédure) ; *irrégulière en la forme* (l'employeur ne peut plus sanctionner car le délai des 2 mois est passé) (code du travail, art. L. 122-43).

13 – bonne réponse : ❐ a

Le seuil d'effectif s'apprécie au niveau de l'entreprise lorsque celle-ci comporte plusieurs établissements (code du travail, art. L. 122-33).

14 – bonne réponse : ❐ b

Le salarié sanctionné peut contester la décision prise par l'employeur en s'adressant au conseil de prud'hommes. La preuve du motif de la sanction incombe à l'employeur. S'il demeure un doute, il profite au salarié.

15 – bonne réponse : ❐ a

La répétition d'une même faute est une situation aggravante qui peut entraîner une sanction de niveau supérieur. Une première sanction peut donc constituer un élément aggravant dans le cas où le salarié récidive. Toutefois, aucune sanction antérieure de plus de 3 ans (délai de prescription) ne peut être invoquée à l'appui d'une nouvelle sanction.

CHAPITRE 5

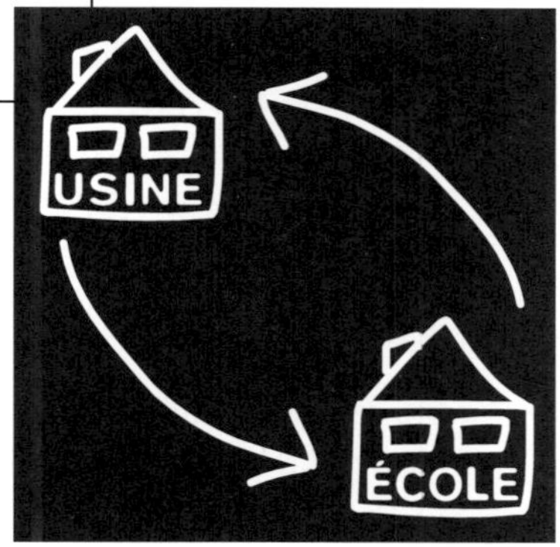

La formation professionnelle continue et la formation en alternance

1 – *Le plan de formation est un document :*

**

- ❒ a. négocié une fois par an avec les organisations syndicales représentatives dans l'entreprise
- ❒ b. établi par l'employeur en fonction des objectifs poursuivis par l'entreprise
- ❒ c. établi par l'employeur avec avis conforme du CE (ou DP)

2 -*Tout salarié a droit au congé individuel de formation quelle que soit la taille de l'entreprise à condition que son contrat de travail soit à durée indéterminée à temps complet ou à temps partiel :*

*

- ❒ a. vrai
- ❒ b. faux

3 – *Un salarié vient de bénéficier d'un congé de bilan de compétences. Il ne pourra bénéficier d'un nouveau congé de même nature, dans la même entreprise, avant un délai de franchise de :*

*

- ❐ a. 2 ans
- ❐ b. 3 ans
- ❐ c. 5 ans
- ❐ d. 6 ans

4 – *Un salarié s'occupant de l'entretien des locaux fait une demande de congé formation dans le cadre du CIF pour suivre une formation de comptabilité. Son employeur est en droit de lui refuser sa demande au nom du fait que le stage n'a aucun rapport avec son métier :*

**

- ❐ a. vrai
- ❐ b. faux

5 – *Parmi les propositions suivantes, quelles sont celles qui impliquent pour l'employeur d'obtenir du salarié son consentement avant de pouvoir l'envoyer suivre une formation dans le cadre du plan de formation établi par lui :*

***

- ❐ a. la formation se déroule hors de l'entreprise
- ❐ b. la formation se déroule en partie hors du temps de travail
- ❐ c. la formation consiste en un bilan de compétences
- ❐ d. la formation n'entraîne pas de promotion

6 – *Un an après avoir suivi un stage de 240 h dans le cadre du CIF, un salarié peut-il faire une nouvelle demande ?*

**

- ❐ a. oui
- ❐ b. non

7 – *Un salarié vient de suivre un bilan de compétences à l'initiative de l'employeur dans le cadre du plan de formation. Les résultats du bilan – le document de synthèse – sont communiqués :*

*

- ❐ a. au salarié
- ❐ b. au salarié et à l'employeur
- ❐ c. au salarié et, seulement avec son accord, à l'employeur

8 – ***Parmi les propositions suivantes, quelles sont celles qui peuvent permettre à l'employeur de différer le départ d'un de ses salariés en congé individuel de formation :***

***

- ❐ a. la formation choisie par le salarié n'a pas un caractère professionnel
- ❐ b. l'absence du salarié est préjudiciable à la bonne marche de l'entreprise
- ❐ c. la demande du salarié n'a pas été formulée selon la procédure prévue
- ❐ d. l'autorisation d'absence a été accordée par l'employeur au salarié mais l'absence soudaine d'un salarié du même service que ce dernier amène l'employeur à différer le congé
- ❐ e. le pourcentage de salariés pouvant être simultanément au titre du congé individuel de formation est atteint
- ❐ f. l'employeur a déjà prévu une formation pour le salarié dans le cadre du plan de formation

9 – ***Pour prétendre au congé individuel de formation, le salarié doit avoir 24 mois d'ancienneté, consécutifs ou non, en qualité de salarié quelle qu'ait été la nature des contrats de travail successifs (36 mois dans une entreprise artisanale), dont :***

**

- ❐ a. 3 mois dans l'entreprise
- ❐ b. 6 mois dans l'entreprise
- ❐ c. 12 mois dans l'entreprise

10 – ***Un salarié a suivi en janvier/février une formation de 240 h au titre du congé individuel de formation. Il demande à bénéficier d'un congé examen de 2 jours (durée de l'épreuve) fin juin de la même année. L'employeur est-il en droit de lui refuser ce congé au nom du fait que le délai de franchise n'est pas respecté ?***

***

- ❐ a. oui
- ❐ b. non

11 – *Parmi les contrats de travail suivants, quels sont ceux que peut proposer un employeur en restauration à un jeune sans qualification qui désire apprendre le métier :*

**

❒ a. le contrat d'orientation
❒ b. le contrat de qualification
❒ c. le contrat d'apprentissage
❒ e. le contrat d'adaptation à un emploi

12 – *Le contrat d'apprentissage étant un contrat de travail, il ne peut être conclu que si le jeune salarié a au minimum l'âge légal d'embauche, c'est-à-dire 16 ans, ou s'il l'atteint dans le dernier trimestre de l'année civile :*

*

❒ a. vrai ❒ b. faux

13 – *Un employeur décide à l'issue du contrat d'apprentissage d'embaucher l'apprenti. Il lui propose un contrat de travail à durée indéterminée comportant une période d'essai. Cette clause est-elle légale alors que le jeune a déjà deux ans d'ancienneté dans l'entreprise ?*

***

❒ a. oui
❒ b. non

14 – *Un apprenti peut-il bénéficier d'un congé examen pour se présenter à un autre examen que celui préparé dans le cadre de son contrat d'apprentissage ?*

***

❒ a. oui
❒ b. non

15 – *Le salaire de l'apprenti est calculé par année, en pourcentage du SMIC, selon l'âge de l'apprenti et l'ancienneté dans le contrat. Le pourcentage variant en fonction de l'âge est appliqué à compter :*

**

❒ a. du mois au cours duquel l'apprenti atteint l'âge
❒ b. du jour anniversaire où l'apprenti atteint l'âge
❒ c. du mois qui suit celui au cours duquel l'apprenti atteint l'âge

16 – *La limite d'âge pour conclure un contrat d'apprentissage ou un contrat de qualification est fixée à :*

*

❒ a. 21 ans au début du contrat
❒ b. 23 ans au début du contrat
❒ c. 25 ans au début du contrat
❒ d. 26 ans au début du contrat

17 – *Un jeune préfère conclure un contrat de qualification plutôt qu'un contrat d'apprentissage car il craint que l'exonération des charges sociales dont bénéficie l'apprenti lui fasse perdre des années pour la détermination de son droit d'ouverture à la retraite. Son argument est-il fondé ?*

**

❒ a. oui ❒ b. non

18 – *Un jeune vient d'obtenir un BTS en comptabilité dans le cadre d'un contrat de qualification. Il désire préparer un DECF en signant un nouveau contrat de qualification avec son employeur. Cette solution est-elle envisageable ?*

**

❒ a. oui ❒ b. non

19 – *Comme tout contrat de travail, le contrat d'apprentissage comprend une période d'essai fixée à :*

*

❒ a. 1 mois
❒ b. 2 mois
❒ c. 3 mois

20 – *Un contrat d'apprentissage de 2 ans a été signé le 1er septembre. Au mois de juin de la deuxième année du contrat, l'apprenti passe avec succès son BTS de gestion. Le contrat d'apprentissage :*

**

❒ a. est rompu automatiquement, l'obtention du diplôme mettant fin à la relation contractuelle
❒ b. doit se poursuivre jusqu'au terme aux mêmes conditions de salaire
❒ c. doit se poursuivre jusqu'au terme, mais l'employeur doit prendre en compte l'obtention du diplôme au niveau du salaire

Grille de dépouillement

N° QUESTIONS	BONNES RÉPONSES	NOMBRE DE RÉPONSES CORRECTES	N° QUESTIONS	BONNES RÉPONSES	NOMBRE DE RÉPONSES CORRECTES
1	b		11	b – c	
2	b		12	b	
3	c		13	a	
4	b		14	a	
5	b – c		15	c	
6	b		16	c	
7	a – c		17	b	
8	b – c		18	b	
9	c		19	b	
10	b		20	b	
	TOTAL			TOTAL	

\+ \+

Score sur 20

$$\frac{\square \times 20}{24} = \quad /20$$

Réponses

1 – bonne réponse : ❒ b

Le plan de formation est établi par l'employeur, dans le cadre de son pouvoir de direction, en fonction des objectifs poursuivis par l'entreprise. Il regroupe l'ensemble des actions de formation retenues par lui. Le plan de formation regroupe les formations proposées par l'employeur ainsi que celles acceptées par lui provenant de propositions du CE (ou DP) ou des demandes de salariés.

Une fois établi, le plan de formation doit obligatoirement être soumis à l'avis du CE. Le CE est consulté à la fois sur l'exécution du plan de formation de l'année précédente et sur le plan de formation de l'année à venir. L'avis du CE n'a pas besoin d'être conforme (code du travail, art. L. 932-7 et L. 933-1 à L. 933-4).

2 – bonne réponse : ❒ b

Le droit au congé individuel de formation (CIF) existe quelle que soit la taille de l'entreprise et quel que soit son contrat de travail (CDI, CDD, temps partiel). Le salarié intérimaire peut lui aussi bénéficier du CIF dans le cadre de son entreprise de travail temporaire (code du travail, art. L. 931-2).

3 – bonne réponse : ❒ c

Un salarié ne peut bénéficier d'un nouveau congé de bilan de compétences dans la même entreprise avant un délai de franchise de 5 ans (code du travail, art. R. 931-32).

4 – bonne réponse : ❒ b

L'employeur ne peut refuser le congé pour ce motif. En effet, le congé individuel de formation a pour objet de permettre à tout salarié, au cours de sa vie professionnelle, de suivre à son initiative et à titre personnel des actions de formation lui permettant :

– d'accéder à un niveau supérieur de qualification ;
– de se perfectionner professionnellement ;
– de changer d'activité ou de profession ;
– de s'ouvrir plus largement à la culture et à la vie sociale.

(code du travail, art. L. 900-2).

5 – bonnes réponses : ❐ b ❐ c

Toute formation dans le cadre du plan de formation correspond pour le salarié à l'exécution normale de son contrat de travail. De ce fait, le salarié ne peut refuser de partir en formation à la demande de l'employeur sauf s'il s'agit d'un bilan de compétences ou d'une formation hors du temps de travail. À l'issue du stage, le salarié est réintégré sans obligation pour l'employeur de prendre en compte la formation pour une augmentation de salaire ou une promotion (code du travail, art. L. 932-1).

6 – bonne réponse : ❐ b

Le salarié doit respecter un délai de franchise entre 2 congés. Ce délai, exprimé en mois, est égal au 1/12 de la durée du congé, exprimée en heures, précédemment suivi. Il ne peut être inférieur à 6 mois, ni supérieur à 6 ans.

Dans le cas présent, il pourra faire une nouvelle demande dans un délai de : 240/12 = 20 mois (code du travail, art. R. 931-7).

7 – bonnes réponses : ❐ a ❐ c

À l'issue du bilan de compétences, un document de synthèse rappelant, entre autre, les compétences et aptitudes de l'intéressé au regard des perspectives d'évolution envisagées est communiqué à la personne qui a bénéficié du congé. Il ne peut être communiqué à l'employeur même si ce dernier est à l'initiative du congé (code du travail, art. R. 900-1).

8 – bonnes réponses : ❐ b ❐ c

L'employeur peut différer la demande de congé dans deux cas seulement :

- *l'absence du salarié est préjudiciable à la bonne marche de l'entreprise* : après consultation du CE ou DP, l'employeur peut estimer l'absence du salarié préjudiciable à la production et à la bonne marche de l'entreprise. Le report ne peut excéder 9 mois ;
- *le pourcentage de salariés pouvant être absents simultanément au titre du congé individuel de formation est atteint* : les absences simultanées au titre du CFI ne doivent pas dépasser :
  - dans les entreprises de – 10 salariés : 2 absences simultanées ;
  - dans les entreprises de – 200 salariés : 2 % du nombre d'heures effectuées dans l'entreprise ;
  - dans les entreprises de + 200 salariés : 2 % du nombre total de salariés de l'entreprise.

(code du travail, art. L. 931-3 , L. 931-4 et R. 931-3).

Dès lors que l'employeur a donné son accord pour un congé individuel de formation, il ne peut en principe revenir sur sa décision même en justifiant de l'intérêt légitime de l'entreprise.

Que la formation choisie par le salarié n'ait aucun caractère professionnel ou que l'employeur ait déjà une formation pour ce dernier dans le cadre du plan de formation ne peuvent justifier un report.

Si le salarié n'a pas respecté la procédure prévue pour la demande de congé, l'employeur peut refuser l'autorisation d'absence.

9 – bonne réponse : ❒ c

Le salarié doit avoir au minimum 12 mois dans l'entreprise (code du travail, art. L. 931-2).

10 – bonne réponse : ❒ b

Le congé examen qui est une modalité particulière du CIF, répond aux mêmes conditions concernant l'ancienneté et la demande que ce dernier. Cependant, aucun délai de franchise n'existe entre 2 congés examen ou entre un congé examen et un congé individuel de formation (code du travail, art. L. 931-1 et R. 931-9).

La durée du congé varie selon l'objectif :

- *congé destiné à la préparation du ou des examens* : elle ne peut excéder 24 heures du temps de travail par année ;
- *congé destiné à passer l'examen* : elle est égale à la durée de l'examen.

Le salarié a droit au maintien de son salaire pendant la durée du congé.

11 – bonnes réponses : ❒ b ❒ c

Le jeune étant sans qualification, seul le contrat d'apprentissage et le contrat de qualification peuvent lui être proposés. En effet, seuls ces contrats ont pour but de donner à des jeunes salariés une formation générale – théorique et pratique – en vue d'obtenir une qualification professionnelle sanctionnée par un diplôme de l'enseignement technique (CAP, BEP, Baccalauréat professionnel, BTS...) (code du travail, art. L. 115-1 et L. 981-1).

Le contrat d'orientation est un contrat de travail à durée déterminée non renouvelable destiné à permettre l'insertion professionnelle d'un jeune en favorisant son orientation professionnelle active par une première expérience en entreprise et par l'élaboration d'un projet professionnel.

Le contrat d'adaptation est un contrat de travail à durée déterminée ou indéterminée ayant pour objet d'adapter la qualification d'un jeune à la pratique professionnelle (code du travail, art. L. 981-6 et L. 981-7).

12 – bonne réponse : ❐ b

Pour entrer en apprentissage, il faut être âgé de 16 ans au début de l'apprentissage ou avoir 16 ans au cours du dernier trimestre de l'année civile. Par dérogation, un jeune de 15 ans peut entrer en apprentissage s'il justifie avoir effectué la scolarité du premier cycle de l'enseignement secondaire (c'est-à-dire jusqu'à la classe de 3e incluse) (code du travail, art. L. 113-3).

13 – bonne réponse : ❐ a

Bien que l'apprenti ait déjà 2 ans d'ancienneté dans l'entreprise, l'employeur est tout à fait en droit de lui imposer une période d'essai lors de la conclusion du CDI.

Les années d'apprentissage sont prises en compte comme des années de service.

14 – bonne réponse : ❐ a

Un apprenti a le droit de se présenter aux examens de son choix et peut donc bénéficier à cet effet du congé examen sans aucune condition d'ancienneté (code du travail, art. R. 117-8-1).

15 – bonne réponse : ❐ c

Le pourcentage variant en fonction de l'âge est appliqué à compter du mois qui suit celui au cours duquel l'apprenti a atteint l'âge (18 ans ou 21 ans) (code du travail, art. D. 117-1).

16 – bonne réponse : ❐ c

Le jeune doit avoir moins de 26 ans au début du contrat d'apprentissage ou du contrat de qualification (code du travail, art. L. 117-3 et L. 980-1).

17 – bonne réponse : ❐ b

Quelque soit le type de contrat, qu'il y ait exonération des charges sociales ou non, les années de travail du jeune seront prises en compte pour la détermination de son droit à l'ouverture de sa retraite.

18 – bonne réponse : ❐ b

Le contrat de qualification est destiné à des jeunes sans qualification professionnelle ou ayant une qualification qui ne leur a pas permis de trouver un emploi (code du travail, art. R. 980-1-1).

Le jeune ne peut donc conclure un nouveau contrat de qualification pour préparer son DECF. Par contre, il a la possibilité de conclure un contrat d'apprentissage.

19 – bonne réponse : ❐ b

Dans le cadre du contrat d'apprentissage, la période d'essai est fixée à 2 mois pendant lesquels chaque partie peut librement résilier le contrat (code du travail, art. L. 117-17).

20 – bonne réponse : ❐ b

Le contrat d'apprentissage est un contrat de date à date. Le terme est fixé avec précision. L'obtention du diplôme ne met pas fin à la relation contractuelle qui doit se poursuivre jusqu'au terme du contrat (code du travail, art. L. 117-17).

CHAPITRE 6

L'accès à l'emploi

1 – ***L'âge d'admission au travail est fixé par la loi à :***
*

❒ a. 14 ans
❒ b. 15 ans
❒ c. 16 ans
❒ d. 18 ans

2 – ***Parmi les renseignements ou documents suivants, quels sont ceux que l'employeur peut exiger d'un candidat à l'emploi qu'il propose :***
***

❒ a. des renseignements sur son état de santé
❒ b. les certificats de scolarité et les attestations de diplômes
❒ c. son aptitude à s'intégrer dans une équipe
❒ d. des renseignements sur la profession de son conjoint
❒ e. les certificats de travail de ses emplois précédents
❒ f. les derniers bulletins de paie délivrés par le précédent employeur

3 – *Un employeur est tenu de notifier à l'ANPE toute place vacante dans son entreprise :*

**

❒ a. vrai ❒ b. faux

4 – *L'employeur doit faire passer au salarié recruté une visite médicale d'embauche destinée à déterminer s'il est médicalement apte au travail envisagé. Cette visite doit avoir lieu au plus tard :*

*

❒ a. avant l'embauche

❒ b. le premier jour de travail

❒ c. avant la fin de la période d'essai

5 – *Tout étranger doit, pour postuler à un emploi, être détenteur d'une carte unique valant à la fois autorisation de séjour et autorisation de travail :*

*

❒ a. vrai ❒ b. faux

6 – *Une salariée n'a pas informé l'employeur de son état de grossesse lors de l'entretien d'embauche. À l'issue de sa période d'essai, elle l'informe de son état. La salariée a-t-elle commis une faute en dissimulant son état à l'employeur ?*

*

❒ a. oui ❒ b. non

7 – *L'employeur informe par courrier un candidat que sa candidature a été retenue pour le poste de directeur commercial. La lettre précise le montant de la rémunération, les horaires de travail et la date limite pour la prise de ses fonctions. Deux jours avant l'entrée en fonction du salarié, l'employeur lui envoie un télégramme pour l'informer qu'il n'a plus à se présenter le poste étant pourvu :*

***

❒ a. le salarié n'a aucun recours. L'employeur a toute liberté pour embaucher et, tant que le salarié n'a pas pris ses fonctions, il peut revenir sur son engagement

❒ b. le salarié n'a aucun recours car la lettre qu'il a reçue ne constitue pas un contrat de travail qui aurait lié l'employeur

❒ c. le salarié considère qu'il y a rupture de promesse d'embauche et est en droit d'attaquer l'employeur en justice

8 – *Un employeur fait paraître l'annonce suivante : « Cherche comptable homme entre 30 et 45 ans, 8 500 F brut sur 13 mois ». Cette annonce est-elle légale ?*

** ❒ a. oui ❒ b. non

9 – *Dans les premiers jours qui suivent l'embauche d'un salarié, l'employeur doit légalement lui remettre :*

**

❒ a. un contrat de travail

❒ b. un exemplaire de la convention collective applicable à l'entreprise

❒ c. un exemplaire du règlement intérieur

❒ d. un document reproduisant les informations contenues dans la déclaration préalable à l'embauche

❒ e. le volet détachable de l'accusé de réception relatif à la déclaration préalable d'embauche

10 – *Un employeur informe l'ANPE qu'il recherche une secrétaire de direction. Deux jours plus tard, une personne sélectionnée par l'ANPE se présente pour le poste. L'employeur est :*

*

❒ a. obligé d'embaucher cette personne

❒ b. libre de son choix

❒ c. tenu, en cas d'embauche, d'informer l'ANPE dans les 8 jours

11 – *Un employeur désire recruter un nouveau comptable à temps plein, or un de ses comptables est à l'heure actuelle à temps partiel et souhaite passer à temps complet. L'employeur doit proposer l'emploi à temps plein à ce salarié et recruter un comptable à temps partiel :*

** ❒ a. oui ❒ b. non

12 – *L'employeur doit, lors de l'embauche d'un nouveau salarié, procéder à une déclaration nominative auprès des organismes de protection sociale. Cette déclaration doit être effectuée :*

**

❒ a. au plus tard 8 jours après l'entrée en fonction du salarié

❒ b. à la fin de la période d'essai, l'embauche devenant définitive

❒ c. au plus tard simultanément à la mise au travail du salarié

❒ d. obligatoirement 8 jours avant la date de l'embauche

13 – *L'employeur doit, dès la fin de la période d'essai, procéder à l'inscription du nouveau salarié sur le registre unique du personnel :*

**

❒ a. vrai

❒ b. faux

14 – *Un employeur vient d'embaucher un jeune dont c'est le premier emploi en qualité de salarié :*

*

❒ a. l'employeur doit procéder à l'immatriculation du salarié à la Sécurité sociale

❒ b. le salarié doit procéder lui-même à son immatriculation à la Sécurité sociale

15 – *Un salarié signe un contrat de travail dans lequel il est précisé que la prise de ses fonctions est fixée au 1er mars. Deux jours avant cette date, il informe l'employeur qu'il ne pourra prendre son poste car il a trouvé un emploi plus intéressant. En signant le contrat :*

***

❒ a. le salarié n'était pas lié tant que la date de prise de fonction n'était pas dépassée

❒ b. le salarié était lié et l'employeur peut engager une procédure en justice pour rupture de l'engagement du salarié afin d'obtenir des dommages et intérêts

Grille de dépouillement

N° QUESTIONS	BONNES RÉPONSES	NOMBRE DE RÉPONSES CORRECTES	N° QUESTIONS	BONNES RÉPONSES	NOMBRE DE RÉPONSES CORRECTES
1	c		9	d – e	
2	b – c – e		10	b – c	
3	b		11	a	
4	c		12	c	
5	b		13	b	
6	b		14	a	
7	c		15	b	
8	b				
	TOTAL			TOTAL	

+ +

Score sur 20

$$\frac{\square \times 20}{19} = \quad /20$$

Réponses

1 – bonne réponse : ❐ c

L'âge légal d'admission au travail est de 16 ans, fin de l'obligation scolaire.

Cependant, dans le cadre du contrat d'apprentissage il est fixé à 15 ans si le jeune justifie avoir effectué la scolarité du 1er cycle de l'enseignement secondaire (code du travail, art. L. 211-1).

Pendant les congés scolaires, un adolescent peut dès l'âge de 14 ans travailler mais seulement pendant la moitié de ses vacances scolaires. (code du travail, art. D. 211-1).

2 – bonnes réponses : ❐ b ❐ c ❐ e

Les renseignements demandés par l'employeur – sous quelque forme que ce soit – à tout candidat à l'emploi proposé ne peuvent avoir comme finalité que d'apprécier sa capacité à occuper l'emploi proposé ou ses aptitudes professionnelles. Le candidat est tenu d'y répondre en toute bonne foi (code du travail, art. L. 121-6).

Les renseignements concernant la vie privée du candidat (par exemple : sur son état de santé, sa vie sexuelle, la profession du conjoint...) sont interdites à l'exception de sa situation matrimoniale et du nombre d'enfants éventuels (code du travail, art. L. 121-8).

L'employeur est en droit de demander au candidat de fournir les certificats de travail de ses emplois précédents, les attestations correspondant aux diplômes dont il fait état, un extrait de casier judiciaire (si la nature de l'emploi le nécessite).

3 – bonne réponse : ❐ b

L'employeur est tenu de notifier à l'ANPE toute place vacante dans son entreprise dès lors qu'il veut pourvoir à cette vacance par un tiers extérieur à l'entreprise (code du travail, art. L. 311-2 et R. 311-2-1).

Les directeurs de publication sont tenus de faire connaître à l'ANPE les offres d'emploi qu'il leur est demandé de faire paraître (code du travail, art. L. 311-4).

4 – bonne réponse : ❐ c

La visite médicale d'embauche peut avoir lieu avant l'embauche ou au plus tard avant l'expiration de la période d'essai. Pour les salariés soumis à une surveillance spéciale, elle doit avoir lieu obligatoirement avant l'embauche. Elle est une condition préalable au contrat de travail qui s'impose à chacune des parties (code du travail, art. R. 241-48).

5 – bonne réponse : ❒ b

Les conditions sont différentes selon que le travailleur étranger est un ressortissant ou non de l'Union Européenne :

– *les ressortissants des États membres de l'Union européenne* (Allemagne, Autriche, Belgique, Danemark, Espagne, Finlande, Italie, Irlande, Luxembourg, Pays-Bas, Grande-Bretagne, Grèce, Portugal et Suède) peuvent exercer toute activité salariée sur l'ensemble du territoire. Ils doivent solliciter un titre de séjour : la carte de ressortissant d'un État membre de l'Union européenne. Cette carte est délivrée automatiquement sur demande par le commissaire de police ;

– *les ressortissants des États non-membres de l'Union européenne* : le recrutement et l'introduction en France de travailleurs étrangers sont soumis au contrôle de l'office national d'immigration. Pour exercer une activité, le travailleur étranger doit être titulaire d'une carte unique valant à la fois autorisation de séjour et autorisation de travail :
  - soit d'une carte de séjour temporaire portant la mention salarié : elle est valable 1 an et seulement pour certains métiers et certaines zones ;
  - soit d'une carte de résident : elle est valable 10 ans et renouvelable de plein droit. Elle permet l'exercice de toute profession sur l'ensemble du territoire. Le demandeur doit avoir 3 ans de résidence régulière et continue en France.

Il existe des régimes particuliers pour les ressortissants algériens, tunisiens, libanais, cambodgiens, vietnamiens, laotiens, centrafricains, gabonais et togolais ainsi que les réfugiés et apatrides.

6 – bonne réponse : ❒ b

La salariée n'a commis aucune faute car elle n'est pas tenue de révéler son état de grossesse lors d'une procédure d'embauche (code du travail, art. L. 122-25).

7 – bonne réponse : ❒ c

Il y a promesse d'embauche lorsque l'employeur propose une offre d'emploi à une personne déterminée en précisant la nature du poste à occuper, le montant de la rémunération et une date limite pour la prise des fonctions. En l'absence de clause de rétractation, l'employeur ne peut se délier de sa promesse d'embauche, sauf à s'exposer à une condamnation à dommages-intérêts pour rupture abusive de son engagement.

8 – bonne réponse : ❐ b

Une offre d'emploi ne doit pas :

– comporter de mentions discriminatoires fondées sur l'origine, les mœurs, les opinions politiques ou les activités syndicales, l'appartenance ou la non-appartenance à une ethnie, nation, race ou religion déterminée, l'état de santé ou le handicap, la situation de famille ou le sexe, sauf si l'appartenance à un sexe est la condition déterminante de l'exercice de l'emploi ;
– mentionner une limite d'âge supérieure, l'indication d'une limite d'âge minimale est possible ;
– être rédigée en langue française si elle concerne un emploi devant être exercé sur le territoire français, ni comporter de termes étrangers sauf si l'emploi proposé ne peut être désigné que par un terme étranger ;
– comporter d'allégations fausses ou susceptibles d'induire en erreur les candidats.

L'employeur engage sa responsabilité sur les indications portées dans l'annonce (code du travail, art. L. 311-4).

9 – bonnes réponses : ❐ d ❐ e

Au moment où le salarié prend ses fonctions, l'employeur doit lui remettre un document reproduisant les informations contenues dans la déclaration préalable à l'embauche et, dès réception, le volet détachable de l'accusé de réception relatif à la déclaration préalable d'embauche (code du travail, art. L. 320). Si le contrat est établi dès l'embauche avec la mention de l'identité de l'organisme de protection sociale, l'employeur est dispensé de la remise du volet détachable.

Le contrat de travail, lorsqu'il est obligatoire, n'est pas nécessairement remis le jour de l'embauche.

La seule obligation concernant le règlement intérieur est qu'il soit affiché sur les lieux de travail et d'embauche et, concernant la convention collective, l'employeur doit seulement en tenir un exemplaire à disposition pour le personnel.

10 – bonnes réponses : ❐ b ❐ c

L'employeur n'a aucune obligation d'embaucher une personne proposée par l'ANPE. Il n'a pas à faire connaître les raisons de son refus d'embauche. Par contre, s'il embauche cette personne, il doit dans les 8 jours informer l'ANPE de sa décision. Cette formalité peut être accomplie avec la déclaration unique d'embauche (code du travail, art. R. 320-1-1).

11 – bonne réponse : ❐ a

L'employeur doit, avant de pourvoir un poste, s'assurer qu'il n'existe pas de salariés bénéficiant d'une priorité d'emploi. Les différentes priorités d'embauche sont :

– *la priorité de proposition* : le salarié occupant un emploi à temps partiel ou à temps complet a une priorité – s'il le souhaite – pour l'attribution d'un emploi à temps complet ou à temps partiel correspondant à sa catégorie professionnelle ou dans des emplois équivalents (code du travail, art. L. 212-4-5) ;

– *la priorité de réembauchage* : certains salariés, dont le contrat a été rompu ou qui n'ont pu être réintégrés, bénéficient d'une priorité de réembauchage pendant un an si un emploi de leur qualification est à pourvoir dans l'entreprise. Il s'agit des cas suivants : après un licenciement économique (code du travail, art. L. 321-14), après un congé postnatal (code du travail, art. L. 122-28) ;

– *le droit à réintégration* : l'employeur est tenu de réintégrer le salarié dans son emploi précédent ou dans un emploi similaire à l'issue d'un congé maternité, d'un congé parental d'éducation, d'un congé pour accident du travail ou maladie professionnelle, d'un congé de formation, d'un congé sabbatique, d'un congé pour création d'entreprise, à l'issue du service national ou après un mandat parlementaire (si la suspension du contrat est inférieure à 5 ans ou priorité de réembauchage pendant un an au-delà de 5 ans).

12 – bonne réponse : ❐ c

L'employeur doit procéder à une déclaration nominative du salarié préalablement à son embauche auprès de l'organisme de protection sociale dont il dépend. Cette formalité est accomplie à l'aide de la déclaration unique d'embauche (code du travail : art. L. 320).

Cette déclaration doit être faite au plus tôt 8 jours avant la date de l'embauche et au plus tard simultanément à la mise au travail. Elle peut être transmise à l'organisme par lettre recommandée avec AR, par télécopie ou télécommunication, par télématique ou échanges de données informatisées.

L'organisme de protection sociale transmet à l'employeur un accusé de réception de la déclaration.

La déclaration comporte les informations relatives :

– à l'entreprise : dénomination sociale, code APE, adresse, ... ;

– et au salarié susceptible d'être embauché : nom, prénoms, nationalité, date et lieu de naissance, numéro de Sécurité sociale, date et heure d'embauche...

13 – bonne réponse : ❐ b

L'employeur doit, dès l'embauche, procéder à l'inscription du nouveau salarié sur le registre unique du personnel. La tenue de ce registre est obligatoire pour l'employeur. Elle peut être faite sur support informatique. Ce registre contient les mentions suivantes :

– le nom, la date de naissance, le sexe, la nationalité, l'emploi et la qualification du salarié embauché ;
– la date d'entrée et la date de départ (licenciement, démission) ;
– les mentions complémentaires concernant certaines catégories de salariés (apprenti, travailleur étranger, ...).

L'absence de registre est un des éléments qui peuvent permettre de qualifier une activité de clandestine (code du travail, art. L. 620-3).

14 – bonne réponse : ❐ a

Parmi les formalités que doit accomplir l'employeur à la suite de l'embauche d'un nouveau salarié, il y a l'obligation d'immatriculation de ce dernier à la Sécurité sociale s'il n'a jamais été immatriculé ou s'il relevait du régime étudiant.

15 – bonne réponse : ❐ b

Le salarié, en signant le contrat de travail, s'est engagé vis à vis de l'employeur à fournir une prestation de service à une date donnée. L'employeur est donc en droit de demander en justice des dommages et intérêts pour rupture abusive d'un engagement.

CHAPITRE 7

Le contrat de travail

1 – *Quelles sont, parmi les caractéristiques suivantes, celles qui permettent de déduire l'existence d'un contrat de travail :*

*

- ❒ a. un engagement par écrit
- ❒ b. une prestation de travail
- ❒ c. une rémunération en contrepartie de la prestation de service
- ❒ d. un lieu de travail déterminé
- ❒ e. une subordination juridique dans l'exécution du travail

2 – *Le Code du travail fixe pour tous les types de contrats la durée de la période d'essai :*

*

- ❒ a. vrai
- ❒ b. faux

3 – ***Un salarié peut conclure plusieurs contrats de travail avec différents employeurs :***

*

- ❐ a. vrai
- ❐ b. faux

4 – ***Un salarié est embauché sous CDI avec une période d'essai de 3 mois. Sa date d'entrée en fonctions est fixée au 1er février. La période d'essai prend fin :***

**

- ❐ a. le 1er avril
- ❐ b. le 30 mars à minuit
- ❐ c. le 1er avril si le 30 mars est un dimanche

5 – ***Un employeur recrute un commercial de nationalité anglaise car il envisage un développement de ses activités en direction de l'Angleterre. Le contrat de travail doit être rédigé :***

*

- ❐ a. en anglais
- ❐ b. en français
- ❐ c. en français et en anglais

6 – ***Parmi les cas suivants, quels sont ceux qui permettent le recours au CDD :***

***

- ❐ a. le remplacement d'un salarié dont le contrat est suspendu pour cause de maladie
- ❐ b. les activités saisonnières
- ❐ c. effectuer des travaux dangereux (temps d'exposition réduits)
- ❐ d. les chantiers de construction à l'étranger
- ❐ e. le remplacement de salariés en grève
- ❐ f. des travaux urgents nécessités par des mesures de sécurité
- ❐ g. une commande exceptionnelle à l'exportation

7 – ***La durée de la période d'essai est la même pour le salarié recruté directement par l'employeur sous CDD ou pour le salarié intérimaire si l'employeur a fait appel à une entreprise intérimaire :***

*

- ❐ a. vrai
- ❐ b. faux

8 – ***Parmi les affirmations suivantes, quelles sont celles qui s'appliquent au contrat de travail à temps partiel :***

**

- ❒ a. le contrat de travail à temps partiel est un contrat à durée indéterminée
- ❒ b. le contrat de travail à temps partiel est un contrat à durée déterminée
- ❒ c. la durée de travail fixée au contrat doit être inférieure d'au moins 1/3 de la durée légale du travail
- ❒ d. la durée de travail fixée au contrat doit être inférieure d'au moins 1/4 de la durée légale du travail
- ❒ e. la durée de travail fixée au contrat doit être inférieure d'au moins 1/5 de la durée légale du travail

9 – ***Un salarié embauché sous contrat à durée déterminée pour 6 mois a eu un arrêt de maladie de 2 semaines. La suspension du contrat :***

*

- ❒ a. ne fait pas obstacle à l'échéance initialement fixée : le contrat cesse de plein droit à l'échéance à du terme
- ❒ b. fait obstacle à l'échéance initialement fixée : le contrat doit se poursuivre pour une durée équivalente à la suspension du contrat

10 – ***Un employeur qui recourt à l'intérim doit conclure 2 contrats, un contrat commercial avec l'entreprise de travail temporaire et un contrat de travail avec l'intérimaire :***

*

- ❒ a. vrai
- ❒ b. faux

11 – ***Parmi les situations suivantes, quelles sont celles qui permettent à un employeur d'imposer une modification du contrat de travail à un ou plusieurs de ses salariés :***

**

- ❒ a. un motif disciplinaire
- ❒ b. un motif économique
- ❒ c. une clause de mobilité figurant au contrat de travail
- ❒ d. un motif personnel lié aux compétences du salarié
- ❒ e. une modification du poste de travail n'entraînant ni diminution de salaire ni déclassement

12 – *La période d'essai permet la rupture du contrat de travail sans préavis ni formalité, sans motif et sans indemnité. Cette rupture :*

**

❒ a. ne peut intervenir qu'au terme de la période d'essai par l'employeur ou par le salarié, l'essai étant non concluant

❒ b. peut intervenir à tout moment de la période d'essai par le salarié uniquement

❒ c. peut intervenir à tout moment de la période d'essai par l'employeur ou par le salarié

13 – *Un expert comptable a été embauché dans un cabinet d'experts-comptables avec un contrat de travail incluant une clause de non-concurrence lui interdisant d'exercer une activité identique dans le même département pendant une période de 2 ans. Cinq ans plus tard, il décide de quitter son emploi pour se mettre à son compte dans un département limitrophe. Grâce à sa compétence, il récupère des clients de son précédent employeur :*

***

❒ a. le salarié a respecté la clause de non concurrence puisqu'il exerce son activité dans un autre département

❒ b. le salarié n'a pas respecté la clause de non concurrence puisqu'il a récupéré des clients de son ancien employeur

14 – *Un contrat de travail à durée indéterminée peut comporter une clause garantissant au salarié la stabilité de son emploi pendant une période déterminée, de 2 ans par exemple :*

*

❒ a. vrai

❒ b. faux

15 – *Le contrat à durée déterminée est obligatoirement écrit. Il doit être remis au salarié :*

**

❒ a. obligatoirement avant son entrée en fonctions

❒ b. au plus tard 2 jours après son entrée en fonctions

❒ c. au plus tard 2 semaines après son entrée en fonctions

❒ d. au plus tard avant la fin de la période d'essai

16 – *Un employeur demande à une de ses vendeuses à temps partiel de travailler à temps plein sans lui préciser que ce temps plein est provisoire. 3 mois après, il souhaite qu'elle reprenne son temps partiel :*

**
- ❒ a. il ne peut l'obliger à reprendre son temps partiel sans son accord
- ❒ b. il est en droit de le faire puisqu'il l'avait embauchée initialement à temps partiel

17 – *À l'issue du contrat de travail à durée déterminée, le salarié a droit à une indemnité destinée à compenser la précarité de sa situation. Cette indemnité de précarité correspond à :*

*
- ❒ a. 4 % de la rémunération totale brute
- ❒ b. 6 % de la rémunération totale brute
- ❒ c. 8 % de la rémunération totale brute
- ❒ d. 10 % de la rémunération totale brute

18 – *Parmi les situations suivantes, quelles sont celles qui autorisent l'employeur à ne pas verser l'indemnité de précarité :*

**
- ❒ a. à l'issue d'un contrat d'apprentissage
- ❒ b. en cas d'embauche du salarié sous CDI
- ❒ c. en cas de rupture anticipée du fait du salarié
- ❒ d. en cas de travail saisonnier
- ❒ e. en cas de refus du salarié d'être embauché sous CDI sur l'emploi occupé ou un emploi similaire
- ❒ f. à l'issue d'un CDD conclu avec un jeune en scolarité pendant une partie de ses congés scolaires

19 – *Un employeur a embauché une salariée sous contrat à durée déterminée sans terme précis pour pourvoir au remplacement d'une de ses salariées partie en congé maternité. Cette dernière l'informe 1 mois après son départ en son congé maternité qu'elle démissionne de son poste désirant s'occuper de son futur enfant. L'employeur satisfait du travail de la remplaçante décide de l'embaucher définitivement. La convention collective prévoyant pour ce type de poste une période d'essai de 2 mois, l'employeur lui propose donc un CDI :*

**

- ❒ a. sans période d'essai puisque son précédent contrat incluait déjà une période d'essai
- ❒ b. incluant une période d'essai telle que fixée par la convention collective moins la période d'essai du précédent contrat
- ❒ c. incluant une période d'essai de 2 mois
- ❒ d. incluant une période d'essai d'un mois

20 – *Pendant sa période d'essai fixée à 2 mois, un salarié a eu un arrêt de maladie d'une semaine et l'entreprise a fermé comme chaque année pour la 5e semaine de congés payés. La période d'essai est :*

**

- ❒ a. terminée à l'issue des 2 mois
- ❒ b. prolongée d'une semaine pour tenir compte de l'arrêt maladie
- ❒ c. prolongée d'une semaine pour tenir compte de la fermeture de l'entreprise
- ❒ d. prolongée de 2 semaines pour tenir compte de l'arrêt maladie et de la fermeture de l'entreprise

21 – *Une clause d'exclusivité a pour but :*

**

- ❒ a. d'interdire au salarié, après la rupture de son contrat de travail, d'exercer une activité qui porterait préjudice à son ancien employeur
- ❒ b. d'interdire au salarié pendant l'exécution de son contrat de travail de travailler pour d'autres employeurs
- ❒ c. d'obliger le salarié à déclarer sans délai toutes inventions à l'employeur
- ❒ d. d'interdire au salarié pendant l'exécution de son contrat de travail de se livrer à des activités concurrentes

22 – *Un employeur décide d'embaucher 2 nouveaux salariés pour lui permettre de faire face au développement régulier de l'activité de son entreprise. Il les recrute avec un contrat à durée déterminée de 6 mois en les informant qu'ils seront embauchés définitivement à l'issue de cette période si la conjoncture économique reste favorable. L'employeur a-t-il légalement agit ?*

**

- ❐ a. oui
- ❐ b. non

23 – *La durée d'un contrat de travail saisonnier ne peut excéder :*

**

- ❐ a. 4 mois par an
- ❐ b. 6 mois par an
- ❐ c. 8 mois par an
- ❐ d. 10 mois par an

24 – *Un employeur a embauché un salarié pour palier l'absence d'un de ses salariés parti 8 mois en congé individuel de formation. À l'issue des 8 mois, ayant un autre salarié dont le contrat de travail est suspendu pour un congé sabbatique de 11 mois, il propose au salarié dont le CDD est arrivé à terme un nouveau contrat de 11 mois. L'employeur a-t-il légalement le droit de souscrire plusieurs CDD de suite avec le même salarié ?*

*

- ❐ a. oui
- ❐ b. non

25 – *Un employeur embauche un salarié pour un mi-temps avec un CDI. La convention collective fixant la durée de la période d'essai à 2 mois, l'employeur :*

**

- ❐ a. peut fixer une durée supérieure pour tenir compte du mi-temps du salarié
- ❐ b. doit respecter la durée fixée par la convention collective

26 – ***Un contrat de travail à durée déterminée conclu sans terme précis signifie :***

**

❒ a. qu'il est conclu pour une durée minimale

❒ b. qu'il peut à l'issue de la période minimale être rompu à tout moment par l'une des parties

❒ c. qu'il prend fin lorsque l'objet pour lequel il a été conclu s'est réalisé

27 – ***Un salarié se voit proposer par lettre recommandée avec AR une modification de son contrat de travail pour motif économique. Il dispose d'un délai d'un mois à compter de la réception de la lettre pour faire connaître son refus. À défaut de réponse dans le délai d'un mois :***

**

❒ a. le salarié est réputé avoir refusé la modification proposée

❒ b. le salarié est réputé avoir accepté la modification proposée

28 – ***L'employeur doit remplacer une de ses secrétaires qui doit partir en congé maternité pour 16 semaines. Il a le choix entre différentes possibilités :***

*

❒ a. recourir à l'intérim

❒ b. embaucher un(e) salarié(e) avec un contrat à durée déterminée avec terme précis

❒ c. embaucher un(e) salarié(e) avec un contrat à durée déterminée sans terme précis

❒ d. embaucher un(e) salarié(e) avec un contrat à durée indéterminée avec une période d'essai de 6 mois

29 – ***Un employeur a embauché un salarié avec un CDD de 6 mois. Deux mois après, il met fin au contrat sans motif. La méconnaissance par l'employeur des dispositions régissant ce type de contrat ouvre droit pour le salarié à des dommages et intérêts d'un montant au moins égal :***

***

❒ a. à 2 fois le montant de l'indemnité de précarité qu'il aurait dû toucher en fin de contrat

❒ b. à 6 mois de salaire comme dans le cas du licenciement sans cause réelle et sérieuse

❒ c. aux rémunérations qu'il aurait perçues jusqu'au terme du contrat

30 – ***Un employeur décide de se retirer des affaires. Son fils ne souhaitant pas reprendre l'entreprise, il la vend à un de ses anciens cadres aujourd'hui à son compte. 2 mois avant la vente de son entreprise, il avait embauché un salarié avec un contrat à durée déterminée de 8 mois pour faire face à un accroissement temporaire d'activité :***

******

❒ a. le nouvel employeur ne s'estime pas lié par ce dernier contrat car son entreprise peut absorber ce surcroît de travail

❒ b. le contrat ayant été signé avant la modification, il subsiste entre le nouvel employeur et le salarié

❒ c. le salarié ne s'estime pas lié avec le nouvel employeur car il considère que le changement d'employeur constitue une modification de son contrat

Grille de dépouillement

N° QUESTIONS	BONNES RÉPONSES	NOMBRE DE RÉPONSES CORRECTES	N° QUESTIONS	BONNES RÉPONSES	NOMBRE DE RÉPONSES CORRECTES
1	b – c – e		16	a	
2	b		17	b	
3	a		18	a – e – f	
4	b		19	d	
5	b		20	d	
6	a/b/d/f/g		21	b – d	
7	b		22	b	
8	a – b – e		23	c	
9	a		24	a	
10	b		25	b	
11	a – c – e		26	a – c	
12	c		27	b	
13	b		28	a – c	
14	a		29	c	
15	b		30	b	
	TOTAL			TOTAL	

\+ +

Score sur 20

$$\frac{\square \times 20}{45} = \quad /20$$

Réponses

1 – bonnes réponses : ❐ b ❐ c ❐ e

La loi ne fournit pas de définition du contrat de travail. Celle-ci est donnée par la jurisprudence qui considère qu'il y a contrat de travail dès lors qu'une personne s'engage pour le compte et sous la direction d'une autre moyennant rémunération.

2 – bonne réponse : ❐ b

Le Code du travail ne réglemente la durée de la période d'essai que dans le cas du contrat à durée déterminée, du contrat d'apprentissage (2 mois) et pour les VRP où elle ne peut excéder 3 mois (code du travail, art. L. 122-3-3, L. 117-17 et L. 751-6).

Les conventions collectives fixent, pour la plupart, la durée de la période d'essai pour les CDI.

3 – bonne réponse : ❐ a

Le cumul de plusieurs contrats de travail est possible dès lors que le salarié respecte les dispositions relatives à la durée maximale du travail (10 heures par jour, 48 heures par semaine et 46 heures en moyenne sur une période de 12 semaines) et que le cumul ne donne lieu ni à une concurrence déloyale, ni à la violation d'une clause conventionnelle de non-concurrence (code du travail, art. L. 324-2).

4 – bonne réponse : ❐ b

Le point de départ de la période d'essai est la date réelle d'entrée en fonctions du salarié. La durée de la période d'essai est calculée sans référence aux règles de computation des délais de procédure civile qui prévoient que le premier jour ne compte pas et que le délai expire le dernier jour à 24 heures. Dans l'exemple, le premier jour d'entrée en fonction du salarié étant fixé au 1er février, le dernier jour de la période d'essai est bien le 30 mars à minuit, peu importe que ce jour soit un dimanche ou non. En effet, si le dernier jour de la période d'essai est un dimanche, il n'y a pas de report de son terme au lundi.

5 – bonne réponse : ❐ b

Lorsque le contrat de travail est constaté par écrit, il doit être rédigé en français. Si le salarié est un étranger, il peut demander une traduction du contrat dans sa langue. En cas de discordance entre les 2 textes, seul le texte rédigé dans la langue du salarié peut être invoqué contre ce dernier (code du travail, art. L. 121-1).

6 – bonnes réponses : ❒ a ❒ b ❒ d ❒ f ❒ g

Le recours au contrat à durée déterminée est possible dans les cas suivants :

– *le remplacement d'un salarié* :

- le remplacement d'un salarié absent ou dont le contrat de travail est suspendu (exemple : la maladie, ...) ;
- le remplacement d'un salarié dont le départ définitif précède la suppression du poste qui doit intervenir dans les 24 mois ;
- le remplacement d'un salarié dans l'attente de l'entrée en service du salarié recruté par CDI.

– *l'accroissement temporaire d'activité* :

- l'accroissement temporaire d'activité (exemples : les périodes de fête, la passation d'un marché, ...) ;
- une commande exceptionnelle à l'exportation (durée maximale 6 mois) ;
- une tâche exceptionnelle non liée à l'activité principale de l'entreprise (exemples : l'informatisation d'un service, des actions de formation d'une partie du personnel, ...) ;
- la réalisation de travaux urgents nécessités par des mesures de sécurité.

– *l'emploi saisonnier* ;

– *l'emploi pour lequel il est d'usage constant de ne pas recourir au CDI* en raison de la nature de l'activité et du caractère temporaire de cet emploi ;

– *le détachement à l'étranger*, et ce, quelque soit le motif du recours.

(code du travail, art. L. 122-1 et L. 122-1-1).

7 – bonne réponse : ❒ b

La durée de la période d'essai n'est pas uniforme.

– *pour un salarié sous CDD, elle est fixée à* :

- 1 jour par semaine à 2 semaines maximum pour un CDD de 6 mois au plus ;
- 1 mois pour un CDD de plus de 6 mois.

– *pour un salarié intérimaire, elle est fixée à* :

- 2 jours pour un contrat de moins d'un mois ;

- 3 jours pour un contrat de 1 mois à 2 mois ;
- 5 jours pour un contrat de plus de 2 mois.

(code du travail, art. L. 122-3-2 et L. 124-4-1).

8 – bonnes réponses : ❒ a ❒ b ❒ e

Le contrat de travail à temps partiel est un contrat à durée déterminée ou indéterminée conclu pour une durée de travail, fixée dans le cadre de la semaine, du mois ou de l'année, inférieure d'au moins 1/5 de la durée légale du travail ou de la durée fixée conventionnellement par la branche ou l'entreprise (code du travail, art. L. 212-4-2).

9 – bonne réponse : ❒ a

La suspension du contrat ne fait pas obstacle à l'échéance de ce contrat (code du travail, art. L. 122-3-5).

10 – bonne réponse : ❒ b

Un employeur recourant à l'intérim conclut un contrat commercial avec l'entreprise de travail temporaire : le contrat de mise à disposition. C'est l'entreprise de travail temporaire qui conclut le contrat de travail temporaire, appelé contrat de mission, avec le salarié intérimaire.

11 – bonnes réponses : ❒ a ❒ c ❒ e

L'employeur peut, en vertu de son pouvoir de direction, modifier :

– *le contrat de travail du salarié* :
  - pour motif personnel, c'est-à-dire pour une raison inhérente à la personne du salarié (par exemple : état de santé, compétences...) ;
  - pour motif disciplinaire ;
  - pour motif économique afin de réorganiser l'entreprise pour sauvegarder sa compétitivité ou pour résoudre des difficultés économiques ;

– *les conditions de travail du salarié*, c'est-à-dire modifier une modalité d'exécution non incluse dans le contrat (par exemple : un changement d'horaire de permanence).

La modification suppose l'accord du salarié en cas de motif économique ou en cas de motif personnel (code du travail, art. L. 321-1).

12 – bonne réponse : ❐ c

La période d'essai a pour but de permettre à l'employeur de tester les aptitudes du salarié à l'emploi proposé et au salarié d'apprécier si les conditions d'emploi lui conviennent. L'employeur, tout comme le salarié, peut y mettre fin à tout moment sans préavis ni formalité, sans motif et sans indemnité.

13 – bonne réponse : ❐ b

Bien qu'exerçant son activité en dehors du département, il concurrence son ancien employeur puisqu'il a récupéré des clients du cabinet où il travaillait précédemment.

14 – bonne réponse : ❐ a

Une clause de garantie d'emploi peut être prévue à la fois dans le cadre du CDI ou du CDD. Elle correspond à une période de garantie d'emploi pendant laquelle le contrat ne peut être rompu sauf accord des parties, faute grave ou faute lourde du salarié ou en cas de force majeure.

15 – bonne réponse : ❐ b

Le contrat à durée déterminée doit être remis au salarié au plus tard dans les 2 jours qui suivent son entrée en fonctions ; à défaut il est réputé à durée indéterminée (code du travail, art. L. 122-3-1).

16 – bonne réponse : ❐ a

Une modification du contrat dans un sens favorable au salarié peut s'opérer sans que celui-ci donne explicitement son accord. Cette modification peut être source d'obligations pour l'employeur. Ainsi dans cette situation, le retour à un temps partiel constitue une modification d'un élément essentiel du contrat de travail.

17 – bonne réponse : ❐ b

Le montant de l'indemnité de précarité est égale à 6 % de la rémunération totale brute. Dans le cas d'un intérimaire, cette indemnité correspond à 10 % de la rémunération totale brute (code du travail, art. L. 122-3-4 et L. 124-4-4).

18 – bonnes réponses : ❐ a ❐ e ❐ f

L'indemnité de précarité n'est pas versée en cas de transformation du contrat en CDI, en cas de refus du salarié d'accepter la conclusion d'un CDI pour occuper le même emploi ou un emploi similaire, en cas de rupture anticipée du fait du salarié, en cas de force majeure ou de faute grave, en cas de contrat conclu pour pourvoir à un emploi saisonnier ou pour lequel il est d'usage de ne pas recourir à un CDI et en cas d'emploi d'un jeune en scolarité pendant une partie de ses congés scolaires.

19 – bonne réponse : ❐ d

La période d'essai est d'un mois. En effet, lorsque la relation contractuelle de travail se poursuit à l'issue d'un CDD, la durée de celui-ci est déduite de la période d'essai éventuellement prévue dans le nouveau contrat. Ainsi, pour le salarié qui a travaillé un mois sous CDD avant que l'employeur lui propose un CDI, la période d'essai telle que fixée par la convention collective est réduite de cette durée. De plus le salarié conserve l'ancienneté qu'il avait acquise au cours du précédent contrat (code du travail, art. L. 122-3-10).

20 – bonne réponse : ❐ d

La période d'essai doit correspondre à un temps de travail effectif. La maladie, tout comme la fermeture de l'entreprise, suspendent donc le cours de l'essai et le prolonge d'autant. Pour calculer la durée de la prolongation, il faut prendre en compte tous les jours du calendrier inclus dans la période de suspension (que ce soit des jours ouvrables ou non).

21 – bonnes réponses : ❐ b ❐ d

La clause d'exclusivité a pour but d'interdire au salarié, pendant l'exécution de son contrat de travail, de travailler pour d'autres employeurs ou de se livrer à des activités concurrentes.

22 – bonne réponse : ❐ b

La décision de l'employeur n'est pas légalement fondée. En effet, le contrat de travail à durée déterminée ne peut avoir ni pour objet ni pour effet de pourvoir durablement un emploi lié à l'activité normale et permanente de l'entreprise. Les salariés concernés seraient en droit de faire requalifier leur CDD en CDI (code du travail, art. L. 122-1).

23 – bonne réponse : ❐ c

La durée du contrat de travail saisonnier n'est pas fixée par des dispositions législatives mais le ministre des Affaires Sociales à estimé qu'elle ne peut excéder 8 mois par an (réponse ministérielle du 11 juillet 1983). Une clause de reconduction pour la saison prochaine peut figurer au contrat.

On appelle travail saisonnier, un travail qui se répète chaque année à date à peu près fixe en fonction du rythme des saisons ou des modes de vie collectif et qui est effectué pour le compte d'une entreprise dont l'activité obéit aux mêmes variations (agriculture, industries agro-alimentaires, tourisme...). L'employeur peut recruter un salarié par un contrat à durée déterminée, recourir à du personnel intérimaire ou conclure avec le salarié un contrat de travail à temps partiel sur l'année.

24 – bonne réponse : ❒ a

Tant qu'il ne s'agit pas du même poste de travail, l'employeur peut proposer au même salarié des CDD successifs sans avoir à respecter le délai de carence. Ce délai est égal au tiers de la durée du contrat venant à expiration s'il concerne le même poste (code du travail, art. L. 122-3-11).

25 – bonne réponse : ❒ b

La période d'essai pour les salariés à temps partiel ne peut avoir une durée calendaire supérieure à celle des salariés à temps complet (code du travail, art. L. 212-4-2).

26 – bonnes réponses : ❒ a ❒ c

Un contrat de travail à durée déterminée sans terme précis est conclu pour une durée minimale et prend fin lorsque l'objet pour lequel il a été conclu s'est réalisé (code du travail, art. L. 122-1-2).

27 – bonne réponse : ❒ b

Le salarié dispose d'un délai d'un mois à compter de la date de réception de la lettre recommandée pour donner sa réponse. À défaut de réponse dans le délai, le salarié est réputé avoir accepté la modification proposée (code du travail, art. L. 321-1-2).

28 – bonnes réponses : ❒ a ❒ c

L'employeur peut soit recruter directement avec le contrat à durée déterminée sans terme précis soit recourir à l'intérim. Le choix entre ces 2 solutions dépend de l'employeur. Par contre, le choix du contrat sans terme précis est le plus adapté à la situation. En effet, la durée d'absence de la salariée est difficilement connue avec précision et c'est seulement le retour de la salariée qui met un terme au contrat.

Le choix du contrat à durée déterminée avec terme précis suppose que l'on connaisse avec précision la durée d'absence de la personne remplacée. Par contre, un CDI avec une période d'essai de 6 mois permettrait sans doute à l'employeur de se séparer de la personne embauchée dès le retour de la salariée en congé maternité, mais la durée de la période d'essai est inhabituelle et excessive par rapport à l'emploi occupé.

29 – bonne réponse : ❐ c

La rupture anticipée injustifiée d'un CDD par l'employeur ouvre droit pour le salarié à une indemnité au moins égale aux rémunérations restant à échoir sans préjudice de l'indemnité de précarité (code du travail, art. L. 122-3-8).

30 – bonne réponse : ❐ b

En cas de modification de la situation juridique de l'employeur (succession, vente, fusion...), la règle est en principe le maintien des contrats de travail, sauf en cas de changement d'activité de l'entreprise. Si le nouvel employeur souhaite procéder à des licenciements, il doit respecter les procédures en la matière (code du travail, art. L. 122-12).

Chapitre 8

Les conditions de travail :

Le salaire, la durée du travail, les congés payés et les autres congés

Salaire
39h ou 35h
Congés ?
...

1 – *Le salaire est la rémunération que l'employeur verse au salarié en contrepartie du travail fourni. Il peut être calculé de différentes manières. Parmi les propositions suivantes, quelles sont celles qui sont utilisées pour calculer le salaire :*

**

- ❒ a. le temps
- ❒ b. les indemnités
- ❒ c. le rendement
- ❒ d. le chiffre d'affaires
- ❒ e. le pourboire
- ❒ f. les honoraires
- ❒ g. la tâche

2 – *L'employeur et le salarié ont toute liberté pour fixer le salaire lors de la conclusion du contrat de travail :*

*

- ❒ a. vrai
- ❒ b. faux

3 – *L'employeur peut payer le salaire de ses salariés – et ce quelque soit son montant – en espèces ayant cours légal ou par chèque barré ou par virement à un compte bancaire ou postal :*

*

❒ a. vrai
❒ b. faux

4 – *Parmi les propositions suivantes, quelles sont celles qui constituent un complément de salaire :*

***

❒ a. une prime d'ancienneté
❒ b. une prime de rendement
❒ c. un avantage en nature (exemple : un logement de fonction)
❒ d. une gratification pour la naissance d'un enfant
❒ e. une gratification : un 13e mois
❒ f. une prime d'assiduité
❒ g. une indemnité de transport

5 – *Le salaire minimum interprofessionnel de croissance (SMIC) est revalorisé une seule fois par an, le 1er juillet :*

*

❒ a. vrai
❒ b. faux

6 – *La prescription applicable aux salaires est de :*

**

❒ a. 1 an
❒ b. 3 ans
❒ c. 5 ans
❒ d. 30 ans

7 – *Un employeur a accordé, en début de mois, une avance de 5 000 F à l'un de ses salariés. Le remboursement de l'avance s'effectue :*

**

❒ a. en une fois sur le salaire net à verser à la fin du mois
❒ b. par une retenue sur salaire qui ne peut excéder la fraction saisissable du salaire
❒ c. par une retenue sur salaire qui ne peut excéder 10 % du montant du salaire
❒ d. par une retenue sur salaire qui ne peut excéder 20 % du montant du salaire

8 – *Un salarié a été embauché en cours de mois ; son salaire doit être calculé sur la base :*

*

- ❐ a. des heures travaillées
- ❐ b. des jours travaillés
- ❐ c. de la méthode la plus avantageuse pour le salarié

9 – *Un salaire peut être constitué intégralement par des avantages en nature :*

**

- ❐ a. vrai
- ❐ b. faux

10 – *Un employeur embauche un jeune âgé de 17 ans. Peut-il légalement le payer moins que le SMIC ?*

*

- ❐ a. oui
- ❐ b. non

11 – *L'employeur doit remettre à chaque salarié un bulletin de salaire à l'occasion du paiement du salaire :*

*

- ❐ a. vrai
- ❐ b. faux

12 – *Tout employeur doit assurer ses salariés en vue de garantir le paiement des salaires en cas de redressement ou de liquidation judiciaire :*

*

- ❐ a. vrai
- ❐ b. faux

13 – *L'employeur doit respecter une périodicité pour le paiement du salaire. Si le salarié est payé chaque mois par virement bancaire, la date à prendre en compte pour que la périodicité soit respectée est :*

**

- ❐ a. la date de l'ordre de virement
- ❐ b. la date de débit du compte de l'entreprise
- ❐ c. la date de crédit du compte du salarié

14 – *L'employeur a l'obligation :*

***

- ❐ a. de tenir un livre de paie ou registre des salaires dans lequel sont reproduites les mentions obligatoires portées sur le bulletin de paie
- ❐ b. de conserver ce registre pendant 5 ans à dater de sa clôture
- ❐ c. de conserver un double des bulletins de paie remis aux salariés pendant 5 ans

15 – *La participation des salariés aux fruits de l'expansion de l'entreprise est obligatoire dans les entreprises d'au moins :*

*

❒ a. 20 salariés
❒ b. 50 salariés
❒ c. 100 salariés
❒ d. 200 salariés

16 – *La durée légale du travail effectif est de :*

*

❒ a. 35 heures par semaine
❒ b. 39 heures par semaine
❒ c. 40 heures par semaine

17 – *Parmi les situations suivantes, quelles sont celles qui sont assimilées à du temps de travail effectif :*

***

❒ a. les temps de pause
❒ b. les heures pour recherche d'emploi en cours de préavis
❒ c. le temps passé pour les formations à la demande de l'employeur
❒ d. le temps consacré à des activités pour le compte du salarié (le congé individuel de formation)
❒ e. les heures indemnisées au titre du chômage partiel
❒ f. le temps passé à la mise en train des machines, à leur nettoyage, au rangement des outils
❒ g. l'obligation pour un salarié de demeurer à son domicile en vue de répondre à un appel de son employeur pour effectuer un travail au service de l'entreprise
❒ h. le temps nécessaire à l'habillage
❒ i. les heures de délégation des représentants du personnel
❒ j. le fait pour un salarié de rester en permanence à la disposition de l'employeur pour participer à l'activité de l'entreprise
❒ k. les heures de récupération
❒ l. les jours fériés et chômés

18 – *La durée quotidienne de travail effectif ne peut excéder :*

*

❒ a. 8 heures
❒ b. 10 heures
❒ c. 12 heures
❒ d. 14 heures

19 – ***L'horaire de travail collectif est :***
*
- ❒ a. fixé par l'employeur
- ❒ b. affiché, daté et signé par l'employeur ou son représentant, sur le lieu de travail
- ❒ c. fixé par l'employeur après avis du CE ou DP
- ❒ d. transmis à l'inspecteur du travail
- ❒ e. communiqué à l'inspecteur du travail avant affichage

20 – ***Le salarié a droit à un repos quotidien d'une durée minimale de :***
*
- ❒ a. 10 heures
- ❒ b. 11 heures
- ❒ c. 12 heures

21 – ***Un employeur peut recourir à des heures supplémentaires pour faire face à un surcroît d'activité. Elles peuvent être effectuées sans autorisation de l'inspection du travail dans la limite d'un contingent annuel fixé soit par voie de convention ou accord collectif étendu soit à défaut par décret. Cette limite est fixée à :***
**
- ❒ a. par décret à 90 heures par an et par salarié
- ❒ b. par décret à 130 heures par an et par salarié
- ❒ c. par décret à 150 heures par an et par salarié
- ❒ d. par convention ou accord collectif étendu, le contingent peut être supérieur au contingent fixé par décret
- ❒ e. par convention ou accord collectif étendu, le contingent peut être inférieur au contingent fixé par décret

22 – ***Parmi les affirmations suivantes, quelles sont celles qui s'appliquent à la réglementation concernant l'instauration de l'horaire individualisé :***
***
- ❒ a. l'instauration de l'horaire individualisé permet à l'employeur de fixer l'horaire de travail pour chaque salarié
- ❒ b. l'instauration de l'horaire individualisé permet au salarié de fournir sa prestation de travail dans un cadre horaire plus souple
- ❒ c. l'instauration de l'horaire individualisé n'est possible que dans les entreprises de plus de 10 salariés

❒ d. l'instauration de l'horaire individualisé suppose l'accord du CE ou DP

❒ e. l'instauration de l'horaire individualisé est subordonnée à une demande du personnel

❒ f. l'instauration de l'horaire individualisé suppose l'autorisation de l'inspection du travail

23 – *Le 1er mai tombant un jeudi, l'employeur accorde à ses salariés la journée du vendredi pour qu'ils puissent faire le pont. Il les informe que ces heures collectivement perdues donneront lieu à récupération à raison d'une heure par jour sur les semaines suivantes :*

***

❒ a. les salariés doivent effectuer cette récupération

❒ b. les heures effectuées au-delà de la durée légale du travail à l'occasion de cette récupération donnent droit à la majoration pour heures supplémentaires

❒ c. les heures de récupération sont des heures ordinaires de travail dont l'exécution n'a été que différée

❒ d. un salarié absent le jour du pont n'est pas concerné par cette récupération

❒ e. les heures de récupération ne concernent que les heures perdues au dessous de la durée légale du travail

24 – *Un salarié à temps partiel effectue des heures au-delà de la durée hebdomadaire fixée au contrat. Ces heures sont considérées comme :*

*

❒ a. des heures supplémentaires

❒ b. des heures complémentaires

25 – *Les heures de travail perdues à l'occasion d'un jour férié autre que le 1er mai ouvrent droit à récupération :*

*

❒ a. vrai

❒ b. faux

26 – *Les heures supplémentaires ouvrent droit :*

*

❒ a. à une majoration de salaire de 25 %

❒ b. à une majoration de 25 % pour les 8 premières heures

❐ c. à un repos compensateur de 50 % pour toute heure effectuée au-delà de 42 heures par semaine

❐ d. à un repos compensateur de 50 % pour toute heure effectuée au-delà de 42 heures par semaine dans la limite du contingent

❐ e. à un repos compensateur de 50 % pour toute heure effectuée au-delà de 42 heures par semaine dans la limite du contingent pour les entreprises occupant plus de 11 salariés

❐ f. à une majoration de 50 % pour toute heure effectuée au-delà de la durée légale du travail

❐ g. à un repos compensateur de 100 % pour toute heure effectuée au-delà de la limite annuelle du contingent et dès la 39e heure quel que soit la taille de l'entreprise

27 – *Le temps de travail quotidien ne peut atteindre 6 heures sans que le salarié puisse bénéficier d'un temps de pause d'une durée minimale de :*

*

❐ a. 20 mn
❐ b. 30 mn
❐ c. 40 mn

28 – *Un salarié peut refuser d'accomplir les heures supplémentaires demandées par l'employeur puisqu'elles excèdent la durée légale du travail :*

*

❐ a. oui
❐ b. non

29 – *Est considéré comme travail de nuit, tout travail compris entre :*

*

❐ a. 21 heures et 6 heures
❐ b. 22 heures et 6 heures
❐ c. 22 heures et 5 heures
❐ d. 21 heures et 5 heures

30 – *Le repos hebdomadaire doit avoir une durée minimale de :*

***

❐ a. 24 heures
❐ b. 35 heures
❐ c. 48 heures

31 – *La durée légale du congé payé annuel au cours de l'année de référence est de :*

**

❐ a. 24 jours ouvrables
❐ b. 4 semaines
❐ c. 30 jours
❐ d. 5 semaines
❐ e. 30 jours ouvrables
❐ f. 6 semaines

32 – *Le décompte des jours de congés payés s'effectuent en jours ouvrables. Dans une entreprise où la répartition de l'horaire hebdomadaire se fait sur 5 jours (du lundi au vendredi), sont réputés jours ouvrables :*

*

- ❐ a. les jours habituellement travaillés dans l'entreprise
- ❐ b. tous les jours de la semaine à l'exception du dimanche

33 – *Un salarié a été embauché le 1er novembre. Il a droit :*

**

- ❐ a. à 17 jours de congés payés
- ❐ b. à 17,5 jours de congés payés
- ❐ c. à 18 jours de congés payés

34 – *Un salarié peut prendre la totalité de ses congés en une seule fois :*

*

- ❐ a. vrai
- ❐ b. faux

35 – *La date de départ en congé est fixée :*

**

- ❐ a. par l'employeur unilatéralement
- ❐ b. par l'employeur après avis du CE ou DP
- ❐ c. par l'employeur en tenant compte de la situation familiale du salarié, des possibilités de congé du conjoint et de l'ancienneté du salarié dans l'entreprise
- ❐ d. par le salarié unilatéralement

36 – *La période de référence pour apprécier les droits à congés payés est la période comprise :*

*

- ❐ a. entre le 1er janvier et le 31 décembre
- ❐ b. entre le 1er mai de l'année précédente et le 31 avril de l'année en cours
- ❐ c. entre le 1er juin de l'année précédente et le 31 mai de l'année en cours
- ❐ d. entre le 1er juillet de l'année précédente et le 30 juin de l'année en cours

37 – *Le salarié a la possibilité soit de prendre ses congés payés soit de cumuler son salaire avec une indemnité de congés payés :*

*

- ❐ a. vrai
- ❐ b. faux

38 – *Un employeur a embauché le 1er avril une nouvelle secrétaire âgée de 20 ans. Elle pose, pour le mois d'août, 4 semaines de congés :*

**

❐ a. l'employeur lui accorde seulement les 5 jours ouvrables qu'elle a acquis

❐ b. l'employeur doit lui accorder son congé et lui verser l'indemnité de congés payés correspondante

❐ c. l'employeur doit lui accorder son congé mais il ne lui versera une indemnité de congés payés que pour les 5 jours qu'elle a acquis

39 – *Un salarié a eu 2 arrêts de travail pour maladie de 2 semaines chacun au cours de la période de référence. Quelle en est la conséquence sur la durée des congés payés de ce salarié ?*

**

❐ a. il perd 2,5 jours de congés payés, l'arrêt de travail n'étant pas assimilé à une période de travail effectif

❐ b. il perd 5 jours de congés payés car il n'a travaillé que 10 mois complets de travail effectif

❐ c. il a droit à la totalité de ses congés payés

40 – *Un salarié a été embauché le 10 mai en CDI qui comporte une période d'essai de 2 mois. L'employeur met fin au contrat pendant la période d'essai, le 22 juin. Le salarié :*

***

❐ a. a droit à une indemnité de congés payés égale à 2,5 jours

❐ b. n'a acquis aucun droit à congés payés

41 – *La période des congés :*

***

❐ a. est fixée par le code du travail du 1er mai au 31 octobre

❐ b. est fixée par l'employeur

❐ c. est fixée par voie conventionnelle ou à défaut par l'employeur après consultation des DP et du CE

❐ d. doit comprendre dans tous les cas la période légale du 1er mai au 31 octobre

❐ e. doit être portée par l'employeur à la connaissance du personnel au moins un mois avant l'ouverture

❐ f. doit être portée par l'employeur à la connaissance du personnel au moins 2 mois avant l'ouverture

42 – ***Un employeur décide de fermer l'entreprise pour la durée totale du congé principal :***

**

❒ a. l'employeur doit informer l'inspecteur du travail

❒ b. l'employeur doit consulter le CE et les DP

❒ c. les dates de congés s'imposent à tous les salariés de l'entreprise

❒ d. le salarié qui n'a pas acquis dans l'entreprise un droit à congé égal à la durée de fermeture de l'entreprise n'a pas à subir de perte de salaire, la fermeture s'imposant à lui

43 – ***Le fractionnement du congé principal n'est possible qu'à l'initiative du salarié :***

*

❒ a. vrai

❒ b. faux

44 – ***Un salarié qui travaille à temps partiel (un 2/3 de temps) bénéficie :***

**

❒ a. des mêmes droits à congé que les salariés à temps plein, soit 30 jours ouvrables

❒ b. d'une durée de congé égale à 30 x 2/3 = 20 jours ouvrables

45 – ***Un salarié prend son congé principal au mois de juillet. Cette année, le 14 juillet tombe un samedi, jour non travaillé dans l'entreprise :***

*

❒ a. le salarié n'a droit à aucun jour de congé supplémentaire

❒ b. le salarié a droit à un jour de congé supplémentaire

46 – ***L'employeur doit verser au salarié, pour la période où il est en congé, une indemnité de congés payés calculé sur la base du 1/10ᵉ de la rémunération perçue entre le 1ᵉʳ juin et le 31 mai de l'année en cours :***

*

❒ a. vrai

❒ b. faux

47 – ***Un salarié doit partir le 1ᵉʳ juillet en congé pour une durée de 2 semaines. L'employeur l'informe, le 10 juin, qu'il doit retarder son départ en congé d'une semaine :***

***

❒ a. l'employeur est en droit de le faire puisque c'est lui qui fixe les dates de départ en congé

❒ b. l'employeur ne peut l'imposer au salarié car une fois les dates de congé accordées il ne peut plus les modifier

❒ c. l'employeur aurait pu l'imposer au salarié s'il l'avait informé un mois au moins avant la date prévue pour le départ en congé

48 – ***Un employeur décide de fractionner le congé principal d'un de ses collaborateurs avec son accord. Le fractionnement donne la répartition suivante : 12 jours ouvrables en juillet, 6 jours ouvrables en septembre et 6 jours ouvrables en février. Le fractionnement ouvre droit pour le salarié à :***

***

❒ a. aucun jour de congé supplémentaire

❒ b. 1 jour de congé supplémentaire

❒ c. 2 jours de congé supplémentaire

❒ d. 4 jours de congé supplémentaire

49 – ***Le salarié peut capitaliser une partie de ses congés payés sur un compte épargne temps en vue d'un congé sans solde d'une durée minimale de 6 mois :***

*

❒ a. vrai

❒ b. faux

50 – ***Un salarié à temps partiel – ne travaillant que le lundi, mardi et mercredi – pose 8 jours de congés payés. S'il arrête son travail le mercredi soir 6 mars, il doit obligatoirement être présent le :***

**

❒ a. le lundi 18 mars au matin

❒ b. le mardi 19 mars au matin

❒ c. le mercredi 20 mars au matin

51 – ***Un salarié qui se marie a droit, sans condition d'ancienneté, à un congé rémunéré de :***

*

❒ a. 3 jours ouvrables

❒ b. 4 jours ouvrables

❒ c. 5 jours ouvrables

52 – *La salariée enceinte a droit à un congé non rémunéré pour la naissance d'un enfant. La durée du congé est, pour la naissance du 1er enfant :*

*

❒ a. 18 semaines (8 semaines avant l'accouchement, 10 semaines après)
❒ b. 16 semaines (8 semaines avant l'accouchement, 8 semaines après)
❒ c. 16 semaines (6 semaines avant l'accouchement, 10 semaines après)
❒ d. 16 semaines (10 semaines avant l'accouchement, 6 semaines après)
❒ e. 18 semaines (6 semaines avant l'accouchement, 12 semaines après)

53 – *Un salarié peut demander à bénéficier d'un congé sabbatique – non rémunéré – pour se consacrer aux activités de son choix à condition :*

*

❒ a. d'avoir une ancienneté de 6 ans dans l'entreprise
❒ b. d'avoir une ancienneté de 6 ans en tant que salarié dont un an dans l'entreprise
❒ c. d'avoir une ancienneté de 6 ans en tant que salarié dont 3 ans dans l'entreprise

54 – *Un employeur peut refuser la demande de congé parental d'éducation du salarié dans le cas où cette absence serait préjudiciable à la bonne marche de l'entreprise :*

*

❒ a. vrai
❒ b. faux

55 – *Parmi les affirmations suivantes, quelles sont celles qui s'appliquent au congé d'adoption :*

*

❒ a. tout parent salarié a droit à un congé non rémunéré pour l'arrivée d'un enfant adopté au foyer
❒ b. le droit au congé ne concerne que la mère adoptive
❒ c. la durée du congé est égale à celle du congé naissance
❒ d. la durée du congé est égale à celle du congé naissance qui suit l'accouchement
❒ e. le congé part du jour où l'enfant adopté arrive au foyer
❒ f. le congé peut être réparti entre la mère et le père adoptif

56 – ***Un salarié adoptant un enfant a droit de bénéficier dans les mêmes conditions du congé de 3 jours accordé à l'occasion de la naissance :***

*

❐ a. vrai ❐ b. faux

57 – ***Un salarié vient d'être élu au conseil municipal de sa commune qui compte 20 000 habitants. Il bénéficie :***

***

❐ a. du temps nécessaire pour se rendre et participer aux séances plénières de ce conseil, ce temps étant rémunéré comme temps de travail

❐ b. du temps nécessaire pour se rendre et participer aux séances plénières de ce conseil, ce temps étant non rémunéré comme temps de travail

❐ c. d'un crédit d'heures trimestriel non rémunéré

❐ d. d'un congé de formation adaptée à ses fonctions

58 – ***Un salarié grippé voit son médecin le lundi soir. Celui-ci lui prescrit un arrêt de travail de 8 jours à compter du mardi. L'entreprise dans laquelle travaille le salarié étant fermée le samedi et le dimanche, le salarié doit reprendre son travail le :***

❐ a. vendredi suivant ❐ c. mercredi suivant

❐ b. jeudi suivant

59 – ***Un(e) salarié(e) qui désire pouvoir bénéficier d'un congé parental d'éducation doit avoir une ancienneté minimale :***

**

❐ a. de 3 ans en tant que salarié(e) dont 1 an dans l'entreprise

❐ b. d'un an dans l'entreprise

❐ c. de 3 ans dans l'entreprise

❐ d. aucune condition d'ancienneté n'est exigée

60 – ***Un salarié profite de son congé en juillet pour marier son fils. Le code du travail accordant un jour pour le mariage d'un enfant, le salarié :***

**

❐ a. a droit de prolonger son congé d'un jour ouvrable

❐ b. a droit à une indemnité compensatrice car il n'a pu bénéficier de la journée que lui accorde le code du travail

❐ c. ne peut prétendre à rien car l'événement se produit alors qu'il est déjà absent

61 – ***Un salarié a demandé à bénéficier d'un congé sabbatique de 9 mois. Pour des motifs personnels, le salarié, au bout de 5 mois, ne souhaite pas poursuivre son congé. Il demande donc à l'employeur de réintégrer son emploi :***

**

❒ a. l'employeur doit réintégrer le salarié

❒ b. l'employeur n'a aucune obligation de réintégrer le salarié avant l'expiration du congé

62 – ***Un salarié est victime d'un accident sur le trajet entre son bureau et le restaurant d'entreprise – géré par le CE – situé dans les locaux de l'entreprise. L'accident du salarié est considéré comme :***

**

❒ a. un accident de trajet

❒ b. un accident du travail

❒ c. un accident de droit commun

63 – ***Un salarié est candidat aux élections législatives. Il dispose à cet effet d'un congé non rémunéré :***

**

❒ a. de 20 jours ouvrables pour le premier tour et 10 jours pour le second tour

❒ b. de 10 jours ouvrables pour le premier tour et 10 jours pour le second tour

❒ c. de 20 jours ouvrables pour toute la durée de la campagne

❒ d. de 30 jours ouvrables pour toute la durée de la campagne

64 – ***Un salarié se sentant souffrant ne reprend pas son travail après le repas du jeudi midi. Le certificat médical d'arrêt de travail, daté de ce jour, parvient à l'employeur le lundi suivant :***

**

❒ a. le salarié a respecté le délai de 48 heures compte tenu que le samedi et le dimanche ne sont pas travaillés dans l'entreprise

❒ b. l'employeur est en droit de considérer que le salarié n'a pas prévenu dans le délai de 48 heures

65 – ***Parmi les affirmations suivantes, quelles sont celles qui s'appliquent à la maladie du salarié :***

***

- ❐ a. en cas d'arrêt maladie, le salarié perçoit les indemnités journalières après un délai de carence de 3 jours
- ❐ b. après un arrêt de travail d'au moins 15 jours, le salarié doit subir une visite médicale de reprise auprès du médecin du travail
- ❐ c. un salarié victime d'un accident du travail le lundi matin à 9 heures perçoit les indemnités journalières dès le lundi, jour de la déclaration de l'accident
- ❐ d. si l'employeur a la possibilité de soumettre le salarié absent pour maladie à une contre-visite médicale, il doit au préalable informer le salarié de ce contrôle médical
- ❐ e. un salarié malade pendant ses congés payés peut prolonger ces derniers de la durée de l'arrêt de travail

Grille de dépouillement

N° QUESTIONS	BONNES RÉPONSES	NOMBRE DE RÉPONSES CORRECTES	N° QUESTIONS	BONNES RÉPONSES	NOMBRE DE RÉPONSES CORRECTES
1	a/c/d/e/g		23	a – c – e	
2	b		24	b	
3	b		25	b	
4	a – b – e – f		26	b – e	
5	b		27	a	
6	c		28	b	
7	c		29	c	
8	a		30	a	
9	a		31	d – e	
10	a		32	b	
11	a		33	c	
12	a		34	b	
13	c		35	b – c	
14	c		36	c	
15	b		37	b	
16	b		38	c	
17	c/e/i/j/l		39	c	
18	c		40	b	
19	c – e		41	c – d – f	
20	b		42	b – c	
21	b – d – e		43	b	
22	b – d – e		44	a	

N° QUESTIONS	BONNES RÉPONSES	NOMBRE DE RÉPONSES CORRECTES	N° QUESTIONS	BONNES RÉPONSES	NOMBRE DE RÉPONSES CORRECTES
45	b		56	a	
46	b		57	b – d	
47	c		58	c	
48	c		59	b	
49	a		60	c	
50	c		61	b	
51	b		62	b	
52	c		63	c	
53	c		64	a	
54	b		65	a – d	
55	a – d – e – f				
	TOTAL			TOTAL	

\+ \+

Score sur 20

$$\frac{\square \times 20}{94} = \quad /20$$

Réponses

1 – bonnes réponses : ❐ a ❐ c ❐ d ❐ e ❐ g

Le salaire se compose d'un salaire de base auquel peuvent s'ajouter éventuellement les heures supplémentaires et des accessoires du salaire.

Le salaire de base représente la partie fixe de la rémunération du salarié. Il est calculé de différentes manières ;

– *le salaire au temps* : il est le mode de rémunération le plus utilisé. Le salarié est rémunéré par référence à un temps de base (l'heure, la journée, la semaine ou le mois) pendant lequel il se tient à la disposition de l'employeur. On distingue :
  - ***le salaire horaire*** : le salaire correspond à la durée réelle du temps de travail effectif (salariés non mensualisés) ;
  - ***le salaire mensuel*** : le salaire est en partie forfaitaire, indépendant de la durée effective du temps de travail (salariés mensuels et mensualisés) ;

– *le salaire au rendement* : le salarié est rémunéré en fonction des quantités produites. Il existe différentes techniques pour calculer le rendement du salarié :
  - la quantité produite (le salaire aux pièces ou à la tâche) ;
  - l'économie de temps réalisé ;
  - les efforts déployés par le salarié ;

– *le salaire au pourcentage* : le salarié est rémunéré en fonction du pourcentage calculé sur le chiffre d'affaires qu'il réalise. Ce mode de calcul peut concerner :
  - soit la totalité de la rémunération du salarié ;
  - soit un complément – la commission – qui s'ajoute à un fixe.

Ce type de rémunération concerne surtout les VRP ;

– *le salaire au pourboire* : le salarié est rémunéré, en partie ou en totalité, par les pourboires versés par la clientèle (le service porté). Ce type de rémunération est particulier à certaines professions où le salarié est en contact direct avec la clientèle.

2 – bonne réponse : ❐ b

Le salaire est librement fixé lors de l'embauche sous réserve de respecter les dispositions légales ou conventionnelles :

– le salaire minimum interprofessionnel de croissance (SMIC) (code du travail, art.L.141-10) ;
– le salaire minimum professionnel et les coefficients hiérarchiques en fonction des qualifications fixées par les conventions et accords collectifs ;
– l'égalité de rémunération entre les femmes et les hommes pour un même travail ou un travail de valeur égale (code du travail, art. L. 140-2).

3 – bonne réponse : ❐ b

Les trois modes de paiement sont légalement possibles si le salaire est inférieur à 10 000 F. Au-delà de ce montant, le salaire est obligatoirement payé par chèque barré ou par virement (code du travail, art. L. 143-1).

4 – bonnes réponses : ❐ a ❐ b ❐ e ❐ f

Les accessoires du salaire s'ajoutent au salaire de base. Ils sont de natures diverses :

– *les primes constituent un complément du salaire.* Elles tiennent compte des conditions dans lesquelles le salarié exécute son travail :
  - primes liées aux qualités propres du salarié : prime d'ancienneté, prime d'assiduité, prime de rendement, ... ;
  - primes liées à la nature et aux conditions de travail : prime de danger, prime d'insalubrité, ...

– *les gratifications* sont :
  - soit obligatoires lorsqu'elles sont prévues dans les conventions ou accords d'entreprise ou résultent d'un usage constant dans l'entreprise. Elles constituent un complément de salaire : 13e mois, prime de vacances, prime de bilan, ... ;
  - soit facultatives et individualisées lorsqu'elles constituent un acte de libéralité de l'employeur. Elles ne constituent pas un complément de salaire : gratification à l'occasion du mariage du salarié, gratification pour la naissance d'un enfant, ...

Les indemnités ne constituent pas un complément de salaire. Elles correspondent au remboursement, par l'employeur, de frais engagés par le salarié dans le cadre de son travail : indemnité de déplacement, prime de salissure, prime de panier, prime de transport (pour la région parisienne).

Les avantages en nature font partie intégrante du salaire. Ils comprennent par exemple : la nourriture, le logement, la voiture, ...

5 – bonne réponse : ❒ b

Le SMIC est revalorisé en fonction :

- *du coût de la vie* : dès que l'indice des prix de l'INSEE enregistre une hausse de 2 %, le SMIC est revalorisé d'autant à compter du premier jour du mois suivant (code du travail, art. L. 141-3) ;
- *de la croissance économique* : chaque année au 1er juillet, le SMIC est obligatoirement révisé en fonction de l'évolution économique. Cette augmentation ne peut être inférieure à la moitié de la hausse des salaires moyens au cours de l'année (code du travail, art.L.141-4).

6 – bonne réponse : ❒ c

Les salaires, y compris les commissions des VRP, les indemnités de congés payés et l'indemnité de préavis se prescrivent par 5 ans à compter de leur date d'exigibilité (code du travail, art.L.143-14).

7 – bonne réponse : ❒ c

Une avance constitue un prêt de l'employeur à son salarié. Le remboursement s'effectue par une retenue sur salaire qui ne peut excéder 1/10 du montant du salaire.

Il ne faut pas confondre l'avance sur salaire avec l'acompte qui constitue un paiement partiel et anticipé du salaire et qui est donc déductible en totalité et de plein droit sur la paie à venir.

8 – bonne réponse : ❒ a

En cas de mois de travail incomplet dû à une embauche en cours de mois ou en cas d'absence non rémunérée, le salaire doit être calculé en multipliant la rémunération horaire par le nombre d'heures de travail effectuées.

9 – bonne réponse : ❒ a

Il est admis qu'un salaire puisse être constitué intégralement par des avantages en nature à condition que la valeur réelle de ces avantages correspondent au moins au SMIC. Par contre, l'employeur ne peut substituer au salaire contractuellement prévu en argent des avantages en nature.

10 – bonne réponse : ❒ a

Un employeur peut embaucher un jeune âgé de 17 ans et légalement le payer moins que le SMIC. En effet, le SMIC subit un abattement en fonction de l'âge :

– 20 % avant 17 ans ;
– 10 % entre 17 et 18 ans.

Cet abattement est supprimé dès que le jeune a 6 mois de pratique (code du travail, art.R.141-1).

11 – bonne réponse : ❒ a

Un bulletin de paie est remis obligatoirement au salarié à l'occasion de chaque paie (code du travail, art.L.143-3).

12 – bonne réponse : ❒ a

Tout employeur doit assurer ses salariés en vue de garantir le paiement des salaires en cas de redressement ou de liquidation judiciaire. Le fonds de garantie des salaires est géré par l'AGS (Association pour la gestion du régime d'assurance des créances des salariés). Il est financé par une cotisation versée par l'employeur correspondant à 0,25 % du montant des salaires versés dans la limite de 4 fois le plafond de la Sécurité sociale (code du travail, art. L.143-11-1).

13 – bonne réponse : ❒ c

La date de paiement du salaire est celle à laquelle le compte bancaire ou postal a été crédité. Pour respecter la périodicité, l'employeur doit donc s'assurer de la date de valeur de la banque du salarié mais il ne serait être tenu pour responsable d'un délai supplémentaire causé par un dysfonctionnement de la banque.

14 – bonne réponse : ❒ c

L'employeur a seulement l'obligation de conserver un double des bulletins de paie remis aux salariés pendant 5 ans. Il peut déroger à cette obligation en utilisant d'autres supports, notamment le support informatique (code du travail, art. L.143-3).

15 – bonne réponse : ❒ b

La participation des salariés aux fruits de l'expansion de l'entreprise est obligatoire dans les entreprises d'au moins 50 salariés. L'entreprise assujettie doit constituer chaque année une réserve spéciale de participation, prélevée sur ses bénéfices.

Des accords de participation – portant sur le mode de calcul de la réserve, sa répartition et son utilisation – sont conclus :

– soit dans le cadre de conventions ou accords collectifs au niveau professionnel ou interprofessionnel ;

– soit entre l'employeur et les représentants des syndicats représentatifs dans la branche d'activité ;
– soit au sein du comité d'entreprise ;
– soit par consultation du personnel dans les entreprises de moins de 50 salariés. Une majorité des 2/3 est nécessaire pour que l'accord soit applicable.

(code du travail, art. L.442-1).

16 – bonne réponse : ❒ b

La durée légale du travail est de 39 heures. À compter du 1er janvier 2000 pour les entreprises de plus de 20 salariés et du 1er janvier 2002 pour les autres entreprises, la durée légale sera fixée à 35 heures (code du travail, art. L.212-1).

17 – bonnes réponses : ❒ c ❒ e ❒ i ❒ j ❒ l

La durée de travail effectif est le temps pendant lequel le salarié est à la disposition de l'employeur et doit se conformer à ses directives sans pouvoir vaquer librement à des occupations personnelles. Sont donc exclus, le temps nécessaire à l'habillage, le temps de pause ou de casse-croûte ainsi que les périodes d'inaction dans les industries et commerces (régime d'équivalences) (code du travail, art. L.212-4).

Une convention collective ou un usage peut assimiler certaines périodes à un temps de travail effectif.

18 – bonne réponse : ❒ c

La durée quotidienne de travail effectif est fixée à 10 heures. Par accord dérogatoire, elle peut être portée à 12 heures. En cas de surcroît temporaire d'activité (travaux urgents, travaux saisonniers...), l'inspecteur du travail peut autoriser un dépassement de la durée quotidienne ; bien que le décret ne fixe pas de limite maximum, on peut penser que la limite de 12 heures constitue le maximum (code du travail, art.L.212-1, D.212-12 et D.212-16).

19 – bonnes réponses : ❒ c ❒ e

Le CE (ou DP) est informé et consulté pour avis sur l'horaire de travail collectif et avant toute modification de cet horaire (code du travail, art. L.432-3).

L'horaire de travail, sous ses différentes formes, doit être affiché sur le lieu de travail et communiqué à l'inspection du travail avant sa mise en service et avant toute modification (code du travail, art. D.212-18).

20 – bonne réponse : ❐ b

Au cours de chaque période de 24 heures, le salarié doit bénéficier d'un repos minimum de 11 heures consécutives. Cette durée minimale de 11 heures consécutives constitue un complément important à la durée maximale journalière et permet en particulier de limiter l'amplitude de la journée de travail des salariés (code du travail, art. L.220-1).

21 – bonnes réponses : ❐ b ❐ d ❐ e

L'employeur peut recourir aux heures supplémentaires :

- *sans autorisation*, dans la limite d'un contingent annuel légal de 130 heures par salarié (par voie conventionnelle, celui-ci peut être supérieur ou inférieur). L'employeur doit, avant d'y recourir, informer préalablement l'inspection du travail et le CE (ou DP). Le contingent est décompté individuellement par salarié ;
- *avec autorisation*, au-delà du contingent annuel ou conventionnel : l'employeur doit demander l'autorisation à l'inspection du travail après avis du CE (ou DP).

(code du travail, art. L.212-6).

22 – bonnes réponses : ❐ b ❐ d ❐ e

L'horaire individualisé permet au salarié de fournir sa prestation de travail dans un cadre plus souple. Il comporte des plages fixes où tous les salariés doivent être présents et des plages mobiles où le salarié peut choisir librement son horaire. Le salarié doit respecter une pause obligatoire de 45 minutes pour le déjeuner. Le salarié a la possibilité de reporter d'une semaine sur l'autre 3 heures avec un cumul maximum de 10 heures. Un accord collectif d'entreprise peut prévoir des reports supérieurs.

La mise en place d'horaires individualisés est subordonnée :

- à une demande des salariés ;
- à l'absence d'opposition du CE (ou DP) expressément consulté. L'employeur ne participe pas au vote ;
- et à l'information de l'inspection du travail. L'absence de représentants du personnel n'empêche pas l'établissement d'horaires individualisés mais suppose l'autorisation de l'inspecteur du travail.

L'employeur doit tenir un décompte quotidien et hebdomadaire du nombre d'heures de travail effectuées par chaque salarié (code du travail, art. L.212-4-1, D.212-4-1 et D. 212-4-2).

23 – bonnes réponses : ❒ a ❒ c ❒ e

Les heures – au-dessous de la durée légale – collectivement perdues donnent lieu à récupération dans les 12 mois qui suivent en cas :

– de causes accidentelles, d'intempéries, de force majeure ou d'inventaire ;

– ou à l'occasion d'un « pont ».

Le CE et l'inspecteur du travail doivent être informés des modalités de la récupération. Celle-ci ne peut augmenter la durée du travail de plus d'une heure par jour et 8 heures par semaine.

Les heures de récupération sont rémunérées au taux normal sans majoration. Le salarié ne peut refuser d'effectuer les heures de récupération même s'il était absent lors de l'interruption collective de travail.

24 – bonne réponse : ❒ b

Les heures effectuées au-delà de la durée hebdomadaire fixée au contrat sont des heures complémentaires et n'ouvrent pas droit à majoration (code du travail, art.L.212-4-3).

25 – bonne réponse : ❒ b

Si le jour férié tombe un jour de travail, les heures de travail perdues n'ouvrent pas droit à récupération (code du travail, art. L.222-1-1).

26 – bonnes réponses : ❒ b ❒ e

Les heures supplémentaires ouvrent droit pour le salarié à une majoration de salaire et à un repos compensateur :

– *La majoration de salaire est de* :

- 25 % pour les 8 premières heures (de la 40e à 47e heure incluse) ;
- 50 % pour les heures suivantes (au-delà de la 47e heure).

Les majorations sont payées en même temps que le salaire et figurent sur le bulletin de paie. Elles sont calculées sur la base du salaire réel. Les primes inhérentes à la nature du travail sont incluses dans le salaire (exemple : prime d'insalubrité, de froid, de danger, de rendement,...).

– *Le repos compensateur* est institué pour compenser en partie le surcroît de fatigue occasionné par les heures supplémentaires. Il permet au salarié de prendre des jours de congés supplémentaires.

Les heures ouvrant droit au repos compensateur sont celles donnant lieu au paiement des majorations et réellement accomplies. Ne sont pas prises en compte : les journées de repos compensateur, les périodes de congés, les jours fériés, les heures d'équivalence et de récupération.

Le tableau ci-dessous indique les modalités de calcul du repos compensateur.

Heures supplémentaires	Entreprise	
	– 11 salariés	**11 salariés et +**
Dans la limite du contingent de 130 h annuelles et au-delà de 42 h par semaine	–	50 % (1) 1 h → 30 mn
Au-delà de la limite du contigent de 130 h annuelles et dès la 39e heure	50 % 1 h → 30 mn	100 % 1 h → 1 h

(1) 20 % (1h → 12mn) si les heures effectuées le sont pour des travaux urgents (par exemple pour prévenir des accidents imminents).

Le repos compensateur est pris par journée entière dans un délai de 2 mois suivant l'ouverture du droit. Il ne peut être accolé aux congés payés et il doit être pris en dehors de la période du 1er juillet au 31 août. Il est assimilé à du travail effectif et rémunéré comme temps de travail.

Le salarié doit être informé régulièrement de ses droits au repos compensateur.

(code du travail, art.L.212-5 et 212-5-1).

Il peut être instauré, par voie conventionnelle (ou en l'absence de sections syndicales par non-opposition du CE ou DP), un repos compensateur de remplacement au paiement des heures supplémentaires. La durée du repos correspond à :

– 125 % pour les 8 premières heures : 1 heure donne droit à 1 heure 15 minutes de repos ;

– 150 % pour les heures suivantes : 1 heure donne droit à 1 heure 30 minutes de repos.

Cette substitution peut être partielle ou totale.

27 – bonne réponse : ❒ a

Sauf dispositions conventionnelles plus favorables, le temps de pause est fixé à 20 mn. Cette pause peut être située avant que cette durée de 6 heures soit entièrement écoulée (code du travail, art. L.220-2).

28 – bonne réponse : ❒ b

Le salarié ne peut refuser d'accomplir les heures supplémentaires que l'employeur lui demande d'effectuer dans la limite du contingent ou au-delà après autorisation de l'inspection du travail. Le refus du salarié constitue une faute justifiant une sanction, voire un licenciement.

29 – bonne réponse : ❒ c

Tout travail entre 22 heures et 5 heures est considéré comme travail de nuit. Toutefois, une convention ou un accord collectif peut prévoir une autre période de 7 heures consécutives, entre 22 heures et 5 heures (code du travail, art. L.213-2).

30 – bonne réponse : ❒ a

Le salarié a droit à un repos hebdomadaire. Ce droit repose sur deux principes :

- l'interdiction d'occuper plus de 6 jours par semaine un même salarié. Le repos hebdomadaire doit avoir une durée minimale de 24 heures ;
- le repos doit être donné le dimanche.

Le repos hebdomadaire connaît de nombreuses dérogations :

- les dérogations permanentes et de plein droit dans les services dont l'ouverture le dimanche est nécessaire à la continuité d'une vie économique et sociale minimale ;
- les dérogations individuelles et temporaires : elles sont accordées par le préfet pour répondre :
  - soit à une situation exceptionnelle de l'établissement ;
  - soit à un besoin de même nature du public ;
  - soit aux besoins spécifiques du public dans les communes ou zones qui connaissent une affluence particulière, en raison de leur spécificité touristique, thermale ou culturelle.

(code du travail, art. L.221-4 et L. 221-5 et suivants).

Une directive européenne, non transposée dans le droit français, prévoit que tout salarié a droit, au cours de chaque période de 7 jours, à un repos minimal de 35 heures consécutives ; un repos minimal sans interruption de 24 heures auxquelles s'ajoutent les 11 heures de repos journalier. La période minimale de repos comprend, en principe, le dimanche. Les 2 jours de repos :

- devront rester consécutifs dans les secteurs où ils existent déjà (banques, assurances, commerces de détail non-alimentaires...) ;

– pourront ne pas être consécutifs dans les autres secteurs. Le 2e jour pourrait être fractionné en 2 demi-journées (soit 1 jour et demi et une demi-journée, soit 1 jour de repos et 2 demi-journées).

31 – bonnes réponses : ❒ d ❒ e

La durée des congés payés est proportionnelle au temps de travail effectif effectué pendant la période de référence. Elle est déterminée à raison de deux jours et demi ouvrables par mois de travail effectif, ou période équivalente, pendant la période de référence. La durée légale du congé annuel est donc de 30 jours ouvrables, soit 5 semaines pour une période de référence complète de travail (code du travail, art. L.223-2).

32 – bonne réponse : ❒ b

Les jours ouvrables sont constitués de tous les jours de la semaine à l'exception :

– du jour de repos hebdomadaire, en général le dimanche ;

– des jours fériés chômés dans l'entreprise.

33 – bonne réponse : ❒ c

Le salarié n'a été présent que 7 mois sur la période de référence ; il n'a donc capitalisé que 7 x 2,5 jours soit 17,5 jours arrondi à 18 jours de congés payés (code du travail, art. L.223-2).

34 – bonne réponse : ❒ b

La durée des congés pouvant être pris en une seule fois ne peut excéder 24 jours ouvrables. Il peut être dérogé individuellement à cette règle pour les salariés qui justifient de contraintes géographiques particulières. Ainsi, les salariés originaires des DOM-TOM et les salariés immigrés ont la possibilité de prendre d'affilée les 5 semaines de congé pour se rendre dans leur région ou pays d'origine. L'administration admet aussi une certaine souplesse à cette règle (code du travail, art. L.223-8).

35 – bonnes réponses : ❒ b ❒ c

L'employeur fixe l'ordre des départs après avis des DP, sauf si la convention collective ou les usages en fixent les modalités. Il doit tenir compte :

– de la situation familiale du salarié ;

– des possibilités de congé du conjoint ;

– de l'ancienneté du salarié dans l'entreprise.

L'employeur doit communiquer les dates de départ aux salariés 1 mois avant la date de leur départ et les afficher dans l'entreprise (code du travail, art.D.223-4).

36 – bonne réponse : ❒ c

La période de référence va du 1er juin de l'année précédente au 31 mai de l'année en cours (code du travail, art. R.223-1).

37 – bonne réponse : ❒ b

La réglementation concernant les congés payés a un caractère d'ordre public, ce qui entraîne :

– pour l'employeur : l'obligation d'accorder le congé ;

– pour le salarié : l'obligation de prendre le congé.

Le salarié qui effectue pendant ses congés un travail rémunéré, tout comme l'employeur qui utilise ses services, peuvent faire l'objet d'une condamnation à des dommages-intérêts envers le fonds du chômage. Tout travail rémunéré chez un autre employeur pendant la période de congés constitue un motif réel et sérieux de licenciement (code du travail, art. D.223-1 et D.223-2).

38 – bonne réponse : ❒ c

Un salarié âgé de moins de 22 ans au 30 avril de l'année en cours a droit, quelle que soit son ancienneté dans l'entreprise, à un congé de 30 jours ouvrables. Mais aucune indemnité de congés payés ne lui est due pour les jours de congés non acquis au cours de la période de référence (code du travail, art. L.223-3). L'employeur doit verser au salarié, pour la période où il est en congé, une indemnité de congés payés calculée sur la base du 1/10e de la rémunération perçue entre le 1er juin et le 31 mai de l'année en cours.

39 – bonne réponse : ❒ c

Tout salarié a droit à des congés payés, à la charge de l'employeur, à condition de justifier chez celui-ci d'une période d'activité équivalente à un mois de travail effectif pendant la période de référence.

Un mois de travail effectif, correspond à un mois de date à date et non à un mois civil. Sont assimilées à un mois de travail effectif les périodes équivalentes à 4 semaines ou à 24 jours de travail (22 jours ou 20 jours suivant l'horaire hebdomadaire de travail).

La méthode la plus avantageuse pour le salarié doit être appliquée. Ainsi ,48 semaines de travail effectif ou assimilé permettent au salarié d'acquérir un congé annuel intégral (une absence de 4 semaines n'a donc pas d'incidence) (code du travail, art. L.223-2 et 223-4).

40 – bonne réponse : ❐ b

Tout salarié a droit à des congés payés, à la charge de l'employeur, à condition de justifier chez celui-ci d'une période d'activité équivalente à 1 mois de travail effectif pendant la période de référence.

Dans la situation présentée, le salarié a travaillé sur 2 périodes de référence 3 semaines sur l'une et 3 semaines sur l'autre ; il n'a donc acquis aucun droit à congés payés ni dans l'une ni dans l'autre.

41 – bonnes réponses : ❐ c ❐ d ❐ f

La période des congés est fixée par voie conventionnelle ou, à défaut, par l'employeur conformément aux usages et après consultation des DP et du CE.

Elle comprend obligatoirement la période du 1er mai au 31 octobre. Elle doit être portée à la connaissance du personnel 2 mois avant son ouverture (code du travail, art.L.223-7).

42 – bonnes réponses : ❐ b ❐ c

L'employeur peut décider la fermeture de l'entreprise pour la durée totale du congé principal après consultation du CE et des DP. En cas de fermeture pour une partie seulement du congé principal, il doit obtenir l'avis conforme des DP ou, à défaut des DP, l'agrément des salariés (code du travail, art. L.223-8).

Le salarié qui n'aurait pas acquis un droit au congé de durée égale à la fermeture de l'entreprise peut prétendre être indemnisé au titre du chômage partiel (aide publique seulement).

43 – bonne réponse : ❐ b

Le fractionnement du congé est possible à l'initiative de l'employeur qui doit obtenir l'agrément du salarié ou à l'initiative du salarié qui doit obtenir l'accord de l'employeur (code du travail, art. L.223-8).

44 – bonne réponse : ❐ a

Les salariés à temps partiel ont les mêmes droits à congé que les salariés à temps complet, le temps de travail minimum s'appréciant indépendamment de l'horaire de travail effectué.

45 – bonne réponse : ❒ b

La présence d'un jour férié chômé pendant les congés payés permet au salarié de les prolonger d'une journée, sauf si le jour férié chômé se confond avec le jour de repos hebdomadaire.

46 – bonne réponse : ❒ b

L'indemnité de congés payés est à la charge de l'employeur. Il existe deux modes de calcul pour la déterminer :

– *le calcul selon la méthode du dixième* : l'indemnité de congés payés est égale au 1/10e de la rémunération totale perçue par le salarié pendant la période de référence (le 13e mois n'est pas intégré) ;
– *le calcul selon la méthode du salaire théorique* (ou règle du maintien du salaire) : l'indemnité de congés payés ne doit pas être inférieure à la rémunération que le salarié aurait perçue s'il avait continué à travailler pendant la période de congé.

Le mode le plus favorable au salarié doit être appliqué. La comparaison doit se faire dans le cadre de l'indemnité totale des congés payés (code du travail, art.L.223-11 et 223-13).

47 – bonne réponse : ❒ c

L'employeur doit communiquer les dates de départ aux salariés 1 mois avant la date de leur départ et les afficher dans l'entreprise. Sauf circonstances exceptionnelles, aucune modification ne peut être apportée à la date des départs en congé des salariés dans le délai d'un mois avant la date prévue du départ (code du travail, art. L.223-7).

48 – bonne réponse : ❒ c

En cas de fractionnement :

– une partie du congé principal d'au moins 12 jours ouvrables continus, doit être pris pendant la période de congé ;
– les jours restants du congé principal pris en dehors de cette période ouvrent droit à des congés supplémentaires à raison de :
  • 2 jours ouvrables pour un congé de 6 jours ou plus ;
  • 1 jour ouvrable pour un congé de 3 à 5 jours.

Le salarié bénéficie de 2 jours de congé supplémentaire pour les 6 jours de congés en février (code du travail, art. L.223-8).

49 – bonne réponse : ❐ a

Un compte épargne-temps peut être instauré par voie conventionnelle pour permettre aux salariés d'accumuler des droits à congé destinés à indemniser un congé sans solde d'une durée minimale de 6 mois. Le compte épargne-temps peut être alimenté :

– soit par le report de congés payés annuels dans la limite de 10 jours par an. En vue d'un congé pour création d'entreprise ou d'un congé sabbatique, le salarié peut reporter sur six ans les congés au-delà de 24 jours ouvrables. Ce report peut se cumuler avec le report des congés payés annuels ;

– soit par la conversion en jours de congés supplémentaires de tout ou partie de primes conventionnelles ou des primes d'intéressement.

(code du travail, art. L.222-32-25 et L.227-1).

50 – bonne réponse : ❐ c

Le décompte des jours ouvrables s'effectue sur la base du nombre de jours ouvrables inclus dans la période d'absence choisie :

– le premier jour ouvrable de congé est le premier jour où le salarié aurait dû travailler. Ainsi le salarié arrêtant son travail la veille d'un jour non travaillé dans l'entreprise ne compte pas celui-ci comme jour ouvrable ;

– le dernier jour de congé compte pour le calcul des jours ouvrables même s'il correspond à un jour non travaillé dans l'entreprise.

Dans le cas de ce salarié à temps partiel, le premier jour ouvrable de congé est donc le lundi suivant, jour où il aurait dû travailler. Il doit donc reprendre le travail le mercredi 20 mars au matin.

51 – bonne réponse : ❐ b

À l'occasion de son mariage, le salarié a droit à un congé rémunéré de 3 jours ouvrables (code du travail, art. L.226-1).

52 – bonne réponse : ❐ c

La salariée enceinte a droit sans condition d'ancienneté à un congé non rémunéré pour la naissance d'un enfant. La durée du congé est, pour la naissance du 1er enfant, de 16 semaines (6 semaines avant la date présumée de l'accouchement et 10 semaines après). La salariée perçoit les indemnités journalières de la Sécurité sociale (code du travail, art. L.122-26).

53 – bonne réponse : ❒ c

Tout salarié, ayant au moins 3 ans d'ancienneté et 6 ans d'activité professionnelle, peut bénéficier d'un congé non rémunéré pour se consacrer aux activités de son choix. La durée du congé est de 6 à 11 mois. L'employeur peut différer le départ en congé, dans la limite de 6 mois qui courent à compter de la demande (code du travail, art. L.122-32-17 et 122-32-18).

54 – bonne réponse : ❒ b

L'employeur est tenu de faire droit, dans tous les cas, à la demande de congé parental d'éducation du salarié dès lors que celle-ci est régulière (code du travail, art. L.122-28-1).

55 – bonnes réponses : ❒ a ❒ d ❒ e ❒ f

La salariée ou son conjoint a droit, sans condition d'ancienneté, à un congé non rémunéré pour l'arrivée d'un enfant adopté au foyer. Le congé part du jour où l'enfant adopté arrive au foyer. La durée du congé est égale au congé maternité qui suit l'accouchement. Le congé peut être réparti entre la mère et le père adoptif. Dans ce cas, il ne doit pas être fractionné en plus de 2 parties dont la plus courte ne peut être inférieure à 4 semaines. Le bénéficiaire du congé perçoit les indemnités journalières de la Sécurité sociale (code du travail, art. L.122-26).

56 – bonne réponse : ❒ a

Le bénéfice du congé naissance s'applique aussi à l'occasion de l'arrivée d'un enfant placé en vue de son adoption (code du travail, art. L.226-1).

57 – bonnes réponses : ❒ b ❒ d

L'employeur est tenu de laisser au salarié membre d'un conseil municipal, général ou régional le temps nécessaire pour se rendre et participer aux séances plénières de ce conseil, aux réunions des commissions dont il est membre et instituées par ce conseil et aux réunions des assemblées délibérantes et des bureaux des organismes où il a été désigné pour représenter la commune, le département ou la région. L'employeur n'est pas tenu de payer comme temps de travail ce temps d'absence.

Le salarié ne peut bénéficier du crédit d'heures trimestriel car il ne concerne que les salariés conseillers municipaux dans les communes de plus de 100 000 habitants.

Tout membre d'un conseil municipal, général ou régional – ayant la qualité de salarié ou non – a droit à une formation adaptée à ses fonctions d'une durée de 6 jours. Les dépenses entraînées par la formation sont prises en charge par la commune, le département ou la région.

58 – bonne réponse : ❒ c

Le salarié doit reprendre le travail le mercredi suivant. En effet, le décompte des jours d'arrêt de travail prend en compte les jours non travaillés dans l'entreprise.

59 – bonne réponse : ❒ b

Tout(e) salarié(e) ayant plus d'un an d'ancienneté, peut, à l'issue du congé maternité ou adoption, bénéficier d'un congé non rémunéré pour élever son enfant (ou demander un travail à mi-temps). La condition d'ancienneté doit être remplie à la date de naissance de l'enfant ou à la date d'arrivée de l'enfant au foyer. Cette possibilité est offerte à la mère et/ou au père. Le bénéfice de ce congé est ouvert jusqu'au 3e anniversaire de l'enfant. La durée initiale est d'un an ou plus et peut être renouvelé 2 fois. Le bénéficiaire du congé perçoit, sous certaines conditions, des allocations parentales d'éducation (code du travail, art. L.122-28-1).

60 – bonne réponse : ❒ c

Les congés pour évènements familiaux ne sont pas légalement dus lorsque le salarié est déjà absent pour une raison quelconque (congés payés, maladie...). De plus, sauf disposition conventionnelle, les jours d'absence au titre de ces congés se décomptent en jours ouvrables à partir de la date de l'événement.

61 – bonne réponse : ❒ b

Le salarié ne peut invoquer aucun droit à être réemployé avant l'expiration du congé (code du travail, art. L.122-32-21).

62 – bonne réponse : ❒ b

Bien que survenu en dehors du temps de travail, l'accident du salarié est considéré comme un accident du travail et non un accident de trajet. En effet, le local est situé dans l'enceinte de l'entreprise et le salarié ne s'était pas soustrait à l'autorité de l'employeur.

63 – bonne réponse : ❒ c

Tout salarié candidat à l'Assemblée Nationale ou au Sénat a droit, sans condition d'ancienneté, à un congé non rémunéré pour participer à la campagne électorale. La durée du congé est de

20 jours ouvrables maximum (fractionnement possible par demi-journée). Le salarié peut, après accord avec l'employeur, imputer ses absences sur la durée de son congé annuel ou les récupérer. En cas d'élection, le contrat est suspendu si le salarié le demande. Si le contrat a été suspendu plus de 5 ans, le salarié bénéficie d'une priorité de réembauchage pendant 1 an (code du travail, art. L.122-24-1).

64 – bonne réponse : ❒ a

Le salarié a respecté le délai de 48 heures ; en effet, l'arrêt de travail est parvenu à l'employeur après une journée et demie d'absence au travail, compte tenu du samedi et du dimanche non travaillés dans l'entreprise.

65 – bonnes réponses : ❒ a ❒ d

En cas d'arrêt maladie, les indemnités journalières ne sont perçues qu'après un délai de carence de 3 jours. En cas d'arrêt de travail consécutif à un accident du travail, la première journée est due par l'employeur et aucun délai de carence n'est appliqué pour le versement des indemnités journalières.

Après une absence d'au moins 21 jours pour cause de maladie ou d'accident non professionnel, ou à la suite d'absences répétées, le salarié doit, à son retour dans l'entreprise, bénéficier d'un examen médical effectué par le médecin du travail dans les 8 jours suivant sa reprise du travail. L'initiative de la visite médicale de reprise revient à l'employeur (code du travail, art. R.241-51).

Le fait d'être malade pendant ses congés payés n'autorise pas le salarié à les prolonger d'autant ni à obtenir ultérieurement un congé non rémunéré. L'employeur est seulement tenu de verser l'indemnité de congés payés qui peut se cumuler avec les prestations en espèces de la Sécurité sociale.

La loi sur la mensualisation et certaines conventions collectives permettent aux employeurs de soumettre les salariés absents pour maladie ou accident à une contre-visite médicale, ceci en contrepartie de leur obligation de maintenir tout ou partie de la rémunération pendant l'arrêt de travail. L'employeur n'a pas à informer le salarié qu'il y aura un contrôle médical et le médecin contrôleur n'a pas à avertir le salarié de son passage. Si le médecin contrôleur estime que le salarié est apte à reprendre le travail, le refus du salarié de reprendre le travail avant la date de reprise indiquée par son médecin traitant entraîne la perte du bénéfice à l'indemnisation complémentaire.

CHAPITRE 9

La rupture du contrat de travail

1 – *Parmi les modes de rupture du contrat de travail suivants, quels sont ceux qui concernent de façon spécifique le contrat de travail à durée indéterminée :*

**

❒ a. la résiliation judiciaire
❒ b. la démission
❒ c. la mise à la retraite
❒ d. la rupture en cas de force majeure
❒ e. le licenciement
❒ f. le départ à la retraite
❒ g. la rupture par accord des parties

2 – *Un salarié chargé des livraisons a été trouvé en état d'ébriété au volant du véhicule de l'entreprise. L'employeur décide de le licencier :*

**

❒ a. pour faute sérieuse
❒ b. pour faute grave
❒ c. pour faute lourde

3 – *Un salarié qui désire démissionner doit légalement :*

*

- ❐ a. informer son employeur par lettre recommandée avec AR
- ❐ b. informer son employeur par lettre simple
- ❐ c. obtenir l'accord de l'employeur
- ❐ d. n'a aucune formalité particulière à respecter

4 – *Seul le licenciement pour motif personnel doit toujours être fondé sur une cause réelle et sérieuse :*

*

- ❐ a. vrai
- ❐ b. faux

5 – *Un salarié est licencié suite à des retards réguliers. Son ancienneté étant de 5 ans, il a droit à un préavis de :*

*

- ❐ a. 1 mois
- ❐ b. 2 mois
- ❐ c. 3 mois

6 – *L'employeur décide de licencier un salarié qui, malgré plusieurs avertissements, persiste à arriver régulièrement en retard. Il le convoque à un entretien préalable. Au cours de l'entretien, le salarié peut se faire assister :*

**

- ❐ a. par un avocat
- ❐ b. par un membre du personnel de l'entreprise
- ❐ c. par un délégué du personnel de l'entreprise
- ❐ d. par un délégué syndical extérieur à l'entreprise
- ❐ e. par un conseiller salarié extérieur à l'entreprise

7 – *Un salarié ayant un an d'ancienneté a été licencié pour des absences injustifiées. Le licenciement n'étant pas dû à une faute grave, l'employeur doit lui verser une indemnité légale de licenciement :*

*

- ❐ a. vrai
- ❐ b. faux

8 – *L'employeur, avant de rompre le contrat de travail à durée indéterminée, doit respecter un préavis ou délai-congé, sauf si le salarié est licencié pour faute grave ou faute lourde :*

*

❒ a. vrai

❒ b. faux

9 – *Un salarié informe son employeur par lettre datée du 5 mars de sa décision de démissionner. Deux jours plus tard, il lui envoie une nouvelle lettre dans laquelle il se rétracte :*

***

❒ a. la rétractation s'impose à l'employeur

❒ b. l'employeur peut accepter la rétractation

❒ c. le salarié a la possibilité de revenir sur sa décision pendant la durée du préavis

❒ d. le salarié n'a pas la possibilité de revenir sur sa décision

10 – *Un salarié âgé de 60 ans désire quitter volontairement l'entreprise pour bénéficier d'une pension vieillesse :*

***

❒ a. il doit donner sa démission

❒ b. il doit informer l'employeur de sa volonté de rompre son contrat de travail pour prendre sa retraite

❒ c. il n'est pas tenu de respecter un préavis

❒ d. il doit respecter un préavis égal au préavis de licenciement

❒ e. il n'a droit à aucune indemnité

❒ f. il perçoit une indemnité de départ à la retraite

11 – *Un salarié convoqué à un entretien préalable fait parvenir la veille un arrêt de travail de 5 jours :*

*

❒ a. l'employeur doit adresser une nouvelle convocation au salarié à compter de sa reprise de travail

❒ b. l'employeur peut poursuivre la procédure et notifier le licenciement s'il le désire

12 – ***Un employeur décide, dans le cadre d'une réorganisation de ses services administratifs, de supprimer le poste d'hôtesse d'accueil. Il décide donc de procéder au licenciement de la personne chargée de ce poste et embauchée depuis un an. L'employeur doit :***

***

- ❐ a. consulter le comité d'entreprise puisqu'il s'agit d'un licenciement pour motif économique
- ❐ b. convoquer la salariée à un entretien préalable pour lui faire part des raisons de la suppression de son poste et recueillir ses observations
- ❐ c. proposer au cours de l'entretien préalable une convention de conversion
- ❐ d. notifier, après l'entretien préalable, son licenciement à la salariée concernée par lettre recommandée avec AR
- ❐ e. notifier uniquement son licenciement à la salariée concernée par lettre recommandée avec AR

13 – ***Le salarié peut contester le motif de son licenciement auprès :***

*

- ❐ a. du tribunal administratif
- ❐ b. de l'inspecteur du travail
- ❐ c. du conseil de prud'hommes
- ❐ e. de la direction départementale du travail et de l'emploi (la DDTE)
- ❐ f. du tribunal d'instance

14 – ***Parmi les affirmations suivantes, quelles sont celles qui s'appliquent à la notification de licenciement pour motif économique :***

***

- ❐ a. la notification du licenciement doit être faite par lettre recommandée avec AR
- ❐ b. la notification du licenciement peut être remise en main propre au salarié contre décharge
- ❐ c. l'employeur est tenu d'énoncer clairement et précisément le motif du licenciement
- ❐ d. l'employeur doit seulement indiquer que le licenciement est dû à un motif économique

❒ e. l'employeur doit indiquer le délai de réponse dont dispose le salarié pour accepter ou refuser la convention de conversion

❒ f. l'employeur doit mentionner que le licenciement ne prend effet qu'en cas de refus du salarié d'adhérer à la convention de conversion

❒ g. l'employeur doit mentionner la priorité de réembauchage dont bénéficie le salarié

❒ h. l'employeur doit mentionner la priorité de réembauchage et ses conditions de mise en œuvre

15 – *Un salarié qui démissionne doit légalement respecter :*

*

❒ a. un préavis d'un mois

❒ b. un préavis dont la durée dépend de son ancienneté dans l'entreprise

❒ c. un préavis d'une durée équivalente au préavis applicable en cas de licenciement

❒ d. n'a aucun préavis à respecter

16 – *L'employeur doit délivrer une attestation ASSEDIC uniquement dans le cas où le salarié est licencié et ce quel que soit le motif du licenciement :*

*

❒ a. vrai

❒ b. faux

17 – *Pendant la durée du préavis, la loi prévoit que le salarié a la possibilité de s'absenter 2 heures par jour pour rechercher un nouvel emploi :*

**

❒ a. vrai

❒ b. faux

18 – *L'employeur peut demander au salarié de lui délivrer, à l'expiration de son contrat, un reçu pour solde de tout compte :*

**

❒ a. le salarié ne peut contester le reçu pour solde de tout compte s'il accepte de le signer

❒ b. le salarié dispose d'un délai d'un mois à compter de sa signature pour contester le reçu pour solde de tout compte

❒ c. le salarié dispose d'un délai de 2 mois à compter de sa signature pour contester le reçu pour solde de tout compte

19 – *Quel que soit le nombre de salariés concernés par un projet de licenciement collectif pour motif économique, l'employeur est tenu, après avoir informé et consulté le CE (ou DP), de convoquer individuellement chaque salarié concerné par ce projet à un entretien préalable :*

*

- ❒ a. vrai
- ❒ b. faux

20 – *Si, à l'issue de l'entretien préalable qui a eu lieu un mardi matin, l'employeur décide de licencier le salarié pour faute, la lettre de notification du licenciement peut être envoyée :*

**

- ❒ a. le mardi après l'entretien
- ❒ b. le mercredi
- ❒ c. le jeudi
- ❒ d. le vendredi

21 – *En cas de licenciement, le point de départ du délai-congé est :*

**

- ❒ a. la date de convocation à l'entretien préalable
- ❒ b. la date d'expédition de la lettre recommandée avec AR notifiant le licenciement
- ❒ c. la date de présentation de la lettre recommandée avec AR notifiant le licenciement
- ❒ d. la date à laquelle le salarié a été chercher la lettre recommandée avec AR notifiant le licenciement

22 – *Un salarié qui démissionne sans effectuer son préavis est redevable d'une indemnité compensatrice de préavis égale :*

**

- ❒ a. à la rémunération brute correspondante à la période de travail non effectué
- ❒ b. au salaire net que le salarié aurait perçu s'il avait effectué son préavis

23 – *À l'expiration du contrat, l'employeur est tenu de délivrer un certificat de travail et ce quelle que soit la cause de la cessation du contrat :*

*

- ❒ a. vrai
- ❒ b. faux

24 – ***Dans le cas d'un licenciement individuel pour motif économique, si le salarié est un cadre, l'employeur ne peut, à la suite de l'entretien préalable, notifier le licenciement au salarié concerné qu'après un délai de :***

**

- ❒ a. 1 jour franc
- ❒ b. 7 jours
- ❒ c. 15 jours
- ❒ d. 21 jours

25 – ***Un salarié est licencié. Il bénéficie au regard de son ancienneté d'un préavis de 2 mois. Une semaine avant la fin de son préavis, le salarié est victime d'un accident du travail qui entraîne un arrêt de travail de 3 semaines :***

**

- ❒ a. le préavis étant un délai préfixe, il doit se terminer à la date prévue
- ❒ b.le préavis se terminera à la fin de l'arrêt de travail provoqué par l'accident du travail
- ❒ c. le préavis est suspendu pendant toute la durée de l'arrêt de travail provoqué par l'accident du travail

26 – ***Un employeur envisage de licencier un de ses salariés pour faute grave. Il doit dans un premier temps le convoquer à un entretien préalable. Dans la lettre de convocation, l'employeur a oublié d'informer le salarié qu'il pouvait se faire assister, lors de l'entretien, par toute personne de son choix appartenant à l'entreprise. Le jour de l'entretien, l'employeur rappelle au salarié cette possibilité et lui laisse le temps nécessaire pour contacter une personne de son choix :***

***

- ❒ a. l'employeur a bien respecté la procédure puisque le salarié a pu se faire assister au cours de l'entretien
- ❒ b. l'employeur n'a pas respecté la procédure car la lettre de convocation ne comportait pas le mention selon laquelle le salarié a la possibilité de se faire assister au cours de l'entretien

27 – *Un employeur peut mettre à la retraite son comptable âgé de 62 ans même si la convention collective prévoit que l'âge normal de départ à la retraite est de 65 ans car celui-ci remplit les conditions pour bénéficier d'une pension vieillesse à taux plein :*

**

❐ a. vrai
❐ b. faux

28 – *Un employeur est en droit de considérer comme démissionnaire un salarié qui ne reprend pas son travail à la date fixée pour son retour de congés payés :*

**

❐ a. vrai
❐ b. faux

29 – *Dans le cas où le salarié décide de contester le bien fondé de son licenciement, l'employeur ne peut invoquer d'autres motifs que ceux mentionnés dans la lettre de notification du licenciement :*

**

❐ a. vrai
❐ b. faux

30 – *Si le licenciement d'un salarié est sans cause réelle et sérieuse, le conseil de prud'hommes peut proposer la réintégration du salarié dans l'entreprise avec maintien des avantages acquis ; en cas de refus par l'employeur ou le salarié, il octroie au salarié une indemnité qui ne peut être inférieure à :*

**

❐ a. 1 mois de salaire
❐ b. 3 mois de salaire
❐ c. 6 mois de salaire
❐ d. 12 mois de salaire

Grille de dépouillement

N° QUESTIONS	BONNES RÉPONSES	NOMBRE DE RÉPONSES CORRECTES	N° QUESTIONS	BONNES RÉPONSES	NOMBRE DE RÉPONSES CORRECTES
1	b – c – e – f		16	b	
2	b		17	b	
3	d		18	c	
4	b		19	b	
5	b		20	c	
6	b – c – e		21	c	
7	b		22	a	
8	a		23	a	
9	b – d		24	c	
10	b – d – f		25	c	
11	b		26	b	
12	b – d		27	b	
13	c		28	b	
14	a/c/e/f/h		29	a	
15	d		30	c	

TOTAL [ ]　　　　TOTAL [ ]

\+ [ ] +

Score sur 20

$$\frac{\boxed{} \times 20}{43} = \quad /20$$

Réponses

1 – bonnes réponses : ❐ b ❐ c ❐ e ❐ f

Les modes de rupture spécifiques au contrat de travail à durée indéterminée sont :

– *la démission*, acte par lequel le salarié rompt unilatéralement son contrat de travail ;
– *le licenciement*, par lequel l'employeur décide unilatéralement de rompre le contrat de travail ;
– *le départ à la retraite*, qui découle de la volonté du salarié de rompre son contrat de travail pour bénéficier de sa pension vieillesse ;
– *la mise à la retraite,* qui résulte de la volonté de l'employeur de mettre le salarié à la retraite.

Les autres modes de rupture – la résiliation judiciaire ou la rupture par accord des parties – sont communs à tous les contrats de travail.

2 – bonne réponse : ❐ b

La loi et la jurisprudence distinguent quatre catégories de fautes ayant chacune des conséquences différentes sur le contrat de travail et les droits du salarié :

– *la faute légère* : même réelle, ne constitue jamais une cause réelle et sérieuse de licenciement. Elle peut cependant faire l'objet d'une sanction disciplinaire (code du travail, art.L.122-40) ;
– *la faute sérieuse* : le comportement du salarié est préjudiciable à l'entreprise et ne peut donc permettre le maintien de son contrat de travail (exemples : des retards ou absences répétés et non justifiés, le refus d'accepter un travail prévu au contrat, le non-respect des consignes de sécurité, ...) (code du travail, art.L.122-14-3) ;
– *la faute grave* : le comportement du salarié rend impossible, même temporairement, la continuation du contrat de travail. Le salarié perd le bénéfice du droit au préavis et à l'indemnité légale ou conventionnelle de licenciement (exemples : une altercation, des manquements répétés à la discipline, un comportement injurieux, un acte d'insubordination,...) (code du travail, art.L.122-6, L.122-8 et L.122-9) ;
– *la faute lourde* : elle caractérise une faute d'une gravité extrême avec l'intention de nuire à l'entreprise. Elle implique la rupture immédiate du contrat de travail. Le salarié perd le bénéfice du droit au préavis, à l'indemnité légale ou conventionnelle de licenciement et à l'indemnité

compensatrice de congés payés (exemples : un acte frauduleux, la divulgation d'informations confidentielles, un acte de concurrence déloyale, ...) (code du travail, art.L.223-14-et L.521-1).

Dans le cas évoqué, l'employeur peut qualifier la faute du salarié de faute grave.

3 – bonne réponse : ❒ d

Aucune formalité particulière n'est imposée au salarié qui démissionne. La notification peut être verbale ou écrite (certaines conventions collectives prévoient une notification par lettre recommandée avec AR). Cependant, le salarié a intérêt à notifier sa démission par écrit afin d'éviter toute contestation ultérieure sur la date de la rupture et le point de départ du préavis. Le salarié qui démissionne n'a pas à faire connaître les motifs de sa décision, mais sa volonté de démissionner doit être clairement établie et sans équivoque. Il n'a pas à obtenir l'accord de l'employeur et celui-ci ne peut refuser la démission.

4 – bonne réponse : ❒ b

Tout licenciement pour être régulier, quant au fond, doit être fondé sur une cause réelle et sérieuse. Les deux conditions doivent être remplies simultanément.

Une cause *réelle* est une cause ayant une réalité concrète et vérifiable. Elle doit aussi être objective et donc tenir soit à la personne du salarié ou à son aptitude au travail, soit à l'organisation de l'entreprise.

Une cause *sérieuse* est une cause revêtant un certain degré de gravité rendant impossible – sans dommage pour l'entreprise – la continuation du travail et donc rendant nécessaire le licenciement. (code du travail, art.L.122-14-3).

5 – bonne réponse : ❒ b

Tout salarié ayant une ancienneté chez le même employeur d'au moins 2 ans a droit, en cas de licenciement autre que pour une faute grave, à un délai-congé de 2 mois (code du travail, art.L.122-6).

6 – bonnes réponses : ❒ b ❒ c ❒ e

Le salarié peut se faire assister d'une personne de son choix appartenant à l'entreprise (collègue de travail, délégué du personnel, membre du comité d'entreprise, délégué ou représentant syndical).

En cas d'absence de représentant du personnel dans l'entreprise, le salarié a la possibilité de se faire assister par un conseiller salarié extérieur à l'entreprise (choisi sur une liste dressée par le préfet). La convocation à l'entretien préalable doit mentionner l'adresse des services (mairie et section d'inspection du travail) auprès desquels le salarié peut consulter la liste (code du travail, art.L.122-14).

7 – bonne réponse : ❒ b

L'employeur doit verser au salarié licencié – sauf en cas de faute grave – une indemnité minimum de licenciement à condition que celui-ci justifie de 2 ans d'ancienneté ininterrompue à la date d'expiration du préavis, effectué ou non. Les périodes de suspension ne portent pas atteinte au caractère continu de l'ancienneté mais n'entrent pas en compte dans la durée de l'ancienneté exigée pour avoir droit à l'indemnité de licenciement (sauf les périodes de suspension du contrat assimilées à des périodes de travail effectif (code du travail, art.L.122-8, L.122-9 et R.122-2).

L'indemnité légale de licenciement n'est pas due si le salarié bénéficie d'une indemnité conventionnelle ou contractuelle plus avantageuse que l'indemnité légale.

8 – bonne réponse : ❒ a

En cas de licenciement pour un motif autre qu'une faute grave ou lourde, le salarié bénéficie d'un préavis pendant lequel le contrat de travail continue de produire ses effets (code du travail, art.L.122-6).

9 – bonnes réponses : ❒ b ❒ d

Le salarié ne peut revenir, sauf accord de l'employeur, sur une démission donnée en bonne et due forme. Par contre, si la démission a été donnée sous le coup de l'émotion ou de l'énervement ou bien si la lettre de démission a été écrite sous la pression ou si elle est rédigée de façon ambiguë, l'employeur qui ne prendrait pas acte de la rétractation du salarié serait considéré par les juges comme ayant pris l'initiative de la rupture.

10 – bonne réponse : ❒ b ❒ d ❒ f

Le départ à la retraite découle de la volonté du salarié de rompre son contrat de travail pour bénéficier de sa pension vieillesse. Il ne constitue pas une démission mais un mode spécifique de rupture. Le salarié est tenu de respecter un préavis égal au préavis de licenciement.

Le départ à la retraite ouvre droit au salarié, sauf dispositions conventionnelles plus favorables, à une indemnité légale de départ à la retraite. Pour en bénéficier, le salarié doit avoir 60 ans (et plus) et 10 ans d'ancienneté au moins dans l'entreprise. Son montant est de :

– 1/2 mois de salaire pour 10 ans d'ancienneté,
– 1 mois de salaire pour 15 ans d'ancienneté,
– 1 1/2 mois de salaire pour 20 ans d'ancienneté,
– 2 mois de salaire pour 30 ans d'ancienneté.

Le salaire à prendre en considération est le salaire moyen des 3 ou 12 derniers mois (code du travail, art.L.122-14-13).

11 – bonne réponse : ❐ b

L'absence du salarié à l'entretien préalable n'empêche pas la poursuite de la procédure.

12 – bonnes réponses : ❐ b ❐ d

L'employeur, dans le cas d'un licenciement individuel pour motif économique, doit respecter la procédure suivante :

– *la convocation*, de chaque salarié, *à l'entretien préalable*. Elle remplit les mêmes conditions de forme et de contenu que pour le licenciement pour motif personnel ;
– *l'entretien préalable* se déroule dans les mêmes conditions que pour le licenciement pour motif personnel. Au cours de l'entretien, l'employeur doit proposer au salarié d'adhérer à une convention de conversion si celui-ci réunit les conditions pour en bénéficier, à savoir être âgé de moins de 57 ans, avoir 2 ans d'ancienneté dans l'entreprise et être apte physiquement à exercer un emploi ;
– *la notification du licenciement* doit être faite, par écrit, par lettre recommandée avec AR en respectant un délai minimum après l'entretien préalable. Le délai est de 7 jours (15 jours pour un cadre). Ces délais sont ramenés respectivement à 4 jours ou 12 jours en l'absence de représentants du personnel ;
– *l'information de l'administration* : l'employeur doit informer la DDTE dans les 8 jours suivant l'envoi de la lettre de licenciement.

(code du travail, art.L.122-14 et art.L.321-1 à L.321-15).

13 – bonne réponse : ❒ c

Les litiges relatifs aux licenciements pour motif personnel ou pour motif économique sont de la compétence du conseil de prud'hommes. Si le litige concerne un licenciement pour motif économique, une procédure d'urgence est mise en place.

14 – bonnes réponses : ❒ a ❒ c ❒ e ❒ f ❒ h

La notification du licenciement doit être faite, par écrit et par lettre recommandée avec AR. Elle doit obligatoirement comporter certaines mentions :

– le ou les motifs économiques du licenciement ;
– la priorité de réembauchage pendant un délai d'un an à compter de la réception de la lettre et ses conditions de mise en œuvre ;
– le délai de réflexion restant à courir pour l'adhésion à une convention de conversion. En cas de refus d'adhérer à la convention, la lettre recommandée constitue la notification du licenciement ;
– la date d'expiration du préavis ou la mention dispensant le salarié d'effectuer le préavis.

(code du travail, art.L.122-14-1 et L.122-14-2).

15 – bonne réponse : ❒ d

La loi ne fixe aucune obligation de préavis ni de durée de préavis à l'exception des VRP et des journalistes. L'existence et la durée du préavis dépend des conventions collectives ou à défaut des usages (code du travail, art.L.122-5).

16 – bonne réponse : ❒ b

L'employeur doit délivrer une attestation ASSEDIC au salarié à l'expiration du contrat et ce quelle que soit la cause de la cessation du contrat. Cette attestation est destinée à permettre au salarié de solliciter le bénéfice de l'allocation unique dégressive de chômage.

17 – bonne réponse : ❒ b

Il n'y a aucune obligation légale pour l'employeur d'accorder au salarié des heures pour rechercher un nouvel emploi. Ce droit résulte des conventions collectives qui consacrent l'usage d'accorder au salarié la possibilité de s'absenter deux heures par jour pendant la durée du préavis pour la recherche d'un emploi. L'usage des deux heures par jour est fixé alternativement par le salarié et l'employeur. En cas d'accord, elles peuvent être regroupées par semaine ou en fin de préavis. Elles sont en principe rémunérées en cas de licenciement.

18 – bonne réponse : ❒ c

Le reçu pour solde de tout compte peut être dénoncé, par le salarié, dans le délai de 2 mois à compter de sa signature, par lettre recommandée dûment motivée adressée à l'employeur. Passé ce délai, le salarié ne peut réclamer que des sommes n'y figurant pas (code du travail, art.L.122-17-1, R.122-5 et R.122-6).

19 – bonne réponse : ❒ b

En cas de licenciement pour motif économique de 10 salariés et plus dans une période de 30 jours, l'obligation de convoquer les salariés concernés à un entretien préalable ne s'applique pas lorsqu'il existe un CE ou des DP dans l'entreprise (code du travail, art.L.122-14 et L.321-1 à L.321-15).

20 – bonne réponse : ❒ c

La lettre de notification du licenciement doit être expédiée en respectant un délai minimum d'un jour franc après la date de l'entretien préalable (code du travail, art.L.122-14-1).

21 – bonne réponse : ❒ c

La date de présentation de la lettre recommandée avec AR notifiant le licenciement fixe le point de départ du préavis (code du travail, art.L.122-14-1).

22 – bonne réponse : ❒ a

Un salarié qui rompt son contrat sans effectuer le préavis auquel il est tenu est redevable d'une indemnité compensatrice de préavis égale à la rémunération brute correspondante à la période de travail non effectué. L'employeur doit saisir le tribunal car il ne peut, de lui-même, opérer une compensation entre les sommes dont il est redevable et l'indemnité compensatrice de préavis qu'il estime lui être due (code du travail, art.L.144-1).

23 – bonne réponse : ❒ a

L'employeur doit obligatoirement délivrer un certificat de travail au salarié à l'expiration du contrat et ce quelle que soit la cause de la cessation du contrat. Ce certificat doit contenir obligatoirement certaines mentions :

– le nom de l'employeur et la raison sociale de l'entreprise ;

– les nom et prénom du salarié (adresse si possible) ;

– la date d'entrée et la date de sortie de l'entreprise (date de sortie effective ou date d'expiration normale du contrat en cas de dispense du préavis) ;
– la nature de l'emploi ou des emplois successivement occupés ainsi que les périodes pendant lesquelles ces emplois ont été tenus.

Il doit être daté et signé de l'employeur lui-même.

Toutes mentions susceptibles de porter atteinte au salarié sont interdites (code du travail, art.L.122-18 et R.152-1).

24 – bonne réponse : ❒ c

Le délai à respecter par l'employeur est de 15 jours pour un cadre mais uniquement en cas de licenciement individuel. Ce délai est ramené à 12 jours en l'absence de représentants du personnel (code du travail, art.L.122-14-1).

25 – bonne réponse : ❒ c

Le préavis est un délai préfixe c'est-à-dire un délai dont l'échéance ne peut être reportée. Il ne peut donc être ni interrompu ni prolongé. Certaines circonstances permettent cependant de prolonger le préavis comme le départ en congés payés, le congé maternité ou d'adoption, l'arrêt de travail provoqué par un accident du travail, ...

26 – bonne réponse : ❒ b

La convocation doit obligatoirement comporter certaines mentions :
– l'objet de l'entretien, c'est-à-dire le projet de licenciement ;
– la date, l'heure et le lieu de l'entretien ;
– la possibilité pour le salarié de se faire assister par une personne de l'entreprise.

En cas d'absence d'institution représentative du personnel, le salarié a la possibilité de se faire assister par une personne extérieure à l'entreprise (choisie sur une liste dressée par le préfet). La convocation doit mentionner l'adresse des services (mairie et section d'inspection du travail) auprès desquels le salarié peut consulter la liste.

L'employeur n'a donc pas respecté la procédure en oubliant la mention selon laquelle le salarié a la possibilité de se faire assister au cours de l'entretien (code du travail, art.L.122-14).

27 – bonne réponse : ❒ b

L'employeur ne peut rompre le contrat de travail par mise à la retraite qu'à condition que le salarié remplisse simultanément les 2 conditions suivantes :

– pouvoir bénéficier d'une pension vieillesse à taux plein ;

– avoir atteint l'âge minimum prévu par le régime d'assurance vieillesse pour pouvoir bénéficier d'une pension vieillesse, c'est-à-dire 60 ans ou l'âge fixé par la convention collective s'il est plus élevé (code du travail, art.L.122-14-13).

Dans l'exemple, le salarié ne remplit qu'une des 2 conditions, l'employeur ne peut donc pas le mettre à la retraite.

28 – bonne réponse : ❒ b

La démission devant résulter d'une volonté explicite du salarié, l'employeur ne peut considérer comme démissionnaire un salarié du seul fait que celui-ci ne reprend pas son travail à la date prévue après un congé maladie ou à la date fixée pour son retour de congés payés ou qui cesse de se présenter à son poste de travail sans autorisation ni justification. Par contre, l'employeur pourra le considérer comme démissionnaire si celui-ci ne donne aucune suite à ses demandes de justifier son absence ou de reprendre son travail.

L'employeur qui prendrait acte de la rupture – sans chercher à s'enquérir auprès du salarié des motifs de son absence et sans l'avoir mis en demeure de reprendre son travail – prononcerait en fait un licenciement. Il serait redevable de l'indemnité de licenciement et d'une indemnité pour licenciement sans cause réelle et sérieuse.

29 – bonne réponse : ❒ a

L'employeur se trouve lié par le ou les motifs qu'il mentionne dans sa lettre de notification. En cas de litige, il ne pourra invoquer devant le juge des motifs différents de ceux contenus dans la lettre de licenciement.

30 – bonne réponse : ❒ c

Si le licenciement est requalifié par le conseil de prud'hommes sans cause réelle et sérieuse, et en cas de refus de la réintégration par l'une ou l'autre des parties, le montant de l'indemnité ne peut être inférieur aux salaires des 6 derniers mois (code du travail, art.L.122-9 et L.122-14-4).

Chapitre 10

Le chômage

1 – *Toute personne à la recherche d'un emploi doit s'inscrire sur la liste des demandeurs d'emploi auprès :*

*

❒ a. de l'ANPE

❒ b. de l'UNEDIC

❒ c. de la DDTE

❒ d. de l'ASSEDIC

2 – *Lors de la résiliation ou de l'expiration du contrat de travail, l'employeur est tenu de délivrer au salarié, sauf en cas de démission, une attestation ASSEDIC destinée à lui permettre de faire évaluer ses droits aux allocations chômage :*

*

❒ a. vrai

❒ b. faux

3 – *Pour bénéficier de l'allocation unique dégressive (AUD), le salarié doit justifier d'une durée minimale d'affiliation au régime d'assurance-chômage à la fin du contrat de travail de :*

**
- ❒ a. 2 mois (ou 61 jours ou 338 heures)
- ❒ b. 4 mois (ou 122 jours ou 676 heures)
- ❒ c. 6 mois (ou 182 jours ou 1 014 heures)
- ❒ d. 1 an (ou 365 jours ou 2 028 heures)

4 – *L'allocation unique dégressive n'est due qu'après l'expiration d'un différé d'indemnisation dont la durée est fixée à :*

**
- ❒ a. 3 jours
- ❒ b. 5 jours
- ❒ c. 8 jours
- ❒ d. 10 jours

5 – *Un salarié travaillant sur Paris à donné sa démission pour suivre sa femme dont l'entreprise a été délocalisée à Marseille :*

*
- ❒ a. le salarié bien que démissionnaire peut prétendre à l'AUD
- ❒ b. le salarié ne peut prétendre à l'AUD

6 – *Un salarié licencié pour faute lourde perd le bénéfice du chômage :*

*
- ❒ a. vrai
- ❒ b. faux

7 – *Le régime d'assurance-chômage a pour vocation de verser un revenu de remplacement aux personnes qui ont involontairement perdu leur emploi. Il est donc financé uniquement par une contribution patronale assise sur l'ensemble de la rémunération brute qui donne lieu au versement des cotisations sociales :*

**
- ❒ a. vrai
- ❒ b. faux

8 – *En cas de licenciement, l'employeur doit remettre au salarié l'attestation ASSEDIC :*

**

❒ a. dès qu'il lui a notifié son licenciement

❒ b. en cas de dispense de préavis, obligatoirement le jour où le salarié quitte définitivement l'entreprise

❒ c. au plus tard au terme du préavis qu'il soit effectué ou non

9 – *Si le conseil de prud'hommes estime le licenciement du salarié injustifié, il ordonne à l'employeur fautif le remboursement aux ASSEDIC des allocations de chômage versées au salarié licencié sans cause réelle et sérieuse :*

**

❒ a. vrai

❒ b. faux

10 – *Un salarié ayant trouvé un emploi plus rémunérateur et plus adapté à sa formation démissionne de son emploi actuel. Son nouvel employeur met fin au contrat au cours de la période d'essai qui était fixée à 2 mois :*

***

❒ a. le salarié ne peut bénéficier de l'AUD puisqu'il a démissionné de son emploi précédent

❒ b. le salarié peut bénéficier de l'AUD puisqu'il a démissionné pour occuper un nouvel emploi

❒ c. le salarié peut bénéficier de l'AUD puisqu'il a démissionné pour occuper un nouvel emploi mais à condition de justifier d'au moins 3 ans d'affiliation continue au régime d'assurance-chômage avant la démission

❒ d. le salarié peut bénéficier de l'AUD puisqu'il a démissionné pour occuper un nouvel emploi mais à condition de justifier d'au moins 5 ans d'affiliation continue au régime d'assurance-chômage avant la démission

11 – *Un chômeur de longue durée qui a épuisé ses droits à l'allocation unique dégressive peut percevoir l'allocation de solidarité spécifique à condition de ne pas dépasser un plafond de ressources mensuelles et de justifier d'une activité antérieure minimale de :*

**

❐ a. 3 ans pendant les 5 dernières années

❐ b. 5 ans pendant les 10 dernières années

❐ c. 10 ans pendant les 15 dernières années

12 – *L'allocataire de l'allocation unique dégressive doit accomplir des actes positifs de recherche d'emploi. L'ASSEDIC effectue un contrôle portant sur les efforts de reclassement de l'allocataire tous les :*

**

❐ a. 2 mois

❐ b. 3 mois

❐ c. 4 mois

❐ d. 6 mois

13 – *Un employeur décide pour des motifs liés à la conjoncture économique de réduire temporairement l'horaire de travail de ses salariés plutôt que de procéder à des licenciements économiques. Les salariés concernés peuvent bénéficier du chômage partiel destiné à compenser partiellement la perte de salaire qu'ils subissent suite à cette réduction d'horaire de travail. Le chômage partiel est attribué :*

**

❐ a. pour toute heure de travail perdue par rapport à l'horaire habituellement pratiqué dans l'entreprise

❐ b. pour toute heure de travail perdue en deçà de la durée légale de travail

14 – *Pour bénéficier de l'allocation unique dégressive, le salarié privé d'emploi ne doit pas être âgé de plus de 60 ans :*

*

❐ a. vrai

❐ b. faux

15 – ***Un salarié licencié de son emploi précédent trouve à l'issue de son préavis un nouvel emploi. Non satisfait de son nouvel emploi, il met fin à son contrat pendant la période d'essai qui était fixée à 2 mois :***

***

❒ a. le salarié ne peut bénéficier de l'AUD puisqu'il a démissionné de son dernier emploi sans motif légitime

❒ b. le salarié peut bénéficier de l'AUD car il a été licencié de son emploi précédent et qu'il ne s'était pas inscrit comme demandeur d'emploi après le licenciement

❒ c. le salarié peut bénéficier de l'AUD car il a été licencié de son emploi précédent et qu'il peut justifier d'au moins 5 ans d'affiliation continue au régime d'assurance-chômage

Grille de dépouillement

N° QUESTIONS	BONNES RÉPONSES	NOMBRE DE RÉPONSES CORRECTES	N° QUESTIONS	BONNES RÉPONSES	NOMBRE DE RÉPONSES CORRECTES
1	d		9	a	
2	b		10	d	
3	b		11	b	
4	c		12	c	
5	a		13	b	
6	b		14	b	
7	b		15	b	
8	c				
	TOTAL			TOTAL	

\+ \+

Score sur 20

$$\frac{\square \times 20}{15} = \quad /20$$

Réponses

1 – bonne réponse : ❒ d

Toute personne recherchant un emploi doit s'inscrire sur la liste des demandeurs d'emploi. Cette inscription est assurée par les ASSEDIC dont relève le demandeur d'emploi (code du travail, art.L.311-2 et L.311-8).

2 – bonne réponse : ❒ b

L'employeur est tenu de délivrer au salarié une attestation ASSEDIC à l'occasion de la rupture du contrat de travail et ce quelque soit celui qui est à l'initiative de la rupture. Cette obligation s'applique aussi à l'expiration d'un contrat de travail à durée déterminée (code du travail, art.R.351-5).

3 – bonne réponse : ❒ b

Pour bénéficier de l'allocation unique dégressive (AUD), le salarié doit justifier d'une durée minimale d'affiliation au régime d'assurance-chômage à la fin du contrat de travail (c'est-à-dire au terme du préavis, effectué ou non). Cette durée est déterminée soit en jours ou en nombres d'heures de travail sur une période déterminée. Au minimum, le salarié doit pouvoir justifier d'une durée affiliation d'au moins 122 jours ou 676 heures sur une période de 8 mois (code du travail, art.L.351-3).

4 – bonne réponse : ❒ c

Un différé d'indemnisation de 8 jours est appliqué à l'occasion de l'ouverture de droits à l'allocation unique dégressive. Le point de départ du différé est fixé soit à la date d'inscription aux ASSEDIC soit au lendemain de l'épuisement des carences liées à l'indemnité de congés payés et/ou l'indemnité de licenciement si celle-ci est supérieure à l'indemnité légale obligatoire.

5 – bonne réponse : ❒ a

La commission paritaire de l'UNEDIC reconnaît que certaines démissions peuvent être considérées comme légitimes et peut donc permettre à un demandeur d'emploi de bénéficier des allocations de chômage. Il en est ainsi d'un salarié qui démissionne pour suivre son conjoint qui change de résidence suite à une mutation au sein d'une entreprise, à un changement d'activité, à une reprise d'activité après une période de chômage ou à une création d'entreprise.

6 – bonne réponse : ❒ b

Quel que soit le motif du licenciement, le salarié a droit de bénéficier de l'AUD s'il remplit les conditions d'attribution de l'allocation unique dégressive, à savoir :

– n'avoir pas quitté volontairement son dernier emploi ou l'avant dernier dès lors que la durée du dernier emploi est inférieure à 91 jours (ou 507 heures). La cessation du contrat de travail doit résulter :
  - d'un licenciement (même pour faute grave ou lourde),
  - d'une fin de contrat à durée déterminée,
  - d'une démission considérée comme légitime ;

– justifier d'une période d'affiliation préalable à la rupture du contrat ;

– être inscrit comme demandeur d'emploi à l'ANPE ;

– être physiquement apte à l'exercice d'un emploi ;

– être à la recherche effective et permanente d'un emploi ; le bénéficiaire doit pouvoir justifier de ses recherches d'emploi (sauf pour les personnes de 57 ans et demi ou plus) ;

– être âgé de moins de 60 ans ou 65 ans si le salarié ne peut prétendre à une retraite à taux plein ;

– ne pas être chômeur saisonnier, c'est-à-dire ne pas exercer une activité saisonnière ou ne pas être au chômage régulièrement chaque année à la même époque.

(code du travail, art.L.351-1).

7 – bonne réponse : ❒ b

Le régime d'assurance-chômage est financé par les cotisations des salariés et des employeurs assises sur l'ensemble de la rémunération brute qui donne lieu au versement des cotisations sociales.

Des contributions particulières, à la charge des employeurs, ont été instituées pour aider au financement du régime d'assurance-chômage :

– l'employeur doit verser une contribution pour toute rupture de contrat concernant un salarié âgé de 50 ans ou plus ouvrant droit au versement de l'AUD. Son montant varie en fonction de l'âge du salarié :
  - 50 à 51 ans : 1 mois de salaire brut ;
  - 52 à 53 ans : 2 mois de salaire brut ;

- 54 ans : 4 mois de salaire brut ;
- 55 ans : 5 mois de salaire brut ;
- 56 ans et plus : 6 mois de salaire brut.

De nombreuses exceptions existent exonérant l'employeur de verser cette contribution ;

– l'employeur procédant à un licenciement économique sans proposer au salarié concerné une convention de conversion doit verser une contribution égale à 1 mois du salaire brut moyen des 12 derniers mois travaillés ;
– l'employeur est amené à rembourser aux ASSEDIC tout ou partie des allocations chômage perçues par le salarié licencié, dans la limite de 6 mois d'indemnités de chômage, si le licenciement est jugé sans cause réelle et sérieuse par le conseil de prud'hommes.

(code du travail, art.L.351-3-1, L.321-13-1 et L.122-14-4).

8 – bonne réponse : ❒ c

L'attestation ASSEDIC doit être délivrée au salarié lorsqu'il quitte l'entreprise et au plus tard au terme du préavis, qu'il soit effectué ou non (code du travail, art.R.351-5).

9 – bonne réponse : ❒ a

Si le conseil de prud'hommes juge que le licenciement est sans cause réelle et sérieuse, en plus des indemnités octroyées au salarié, il ordonne le remboursement par l'employeur fautif de tout ou partie des allocations chômage perçues par le salarié licencié dans la limite de 6 mois d'indemnités de chômage (code du travail, art.L.122-14-4).

10 – bonne réponse : ❒ d

Le salarié qui démissionne de son emploi pour un autre emploi peut bénéficier de l'allocation unique dégressive si son nouvel employeur met fin à sa période d'essai à condition que celle-ci n'ait pas excédé 3 mois et qu'il justifie d'au moins 5 ans d'affiliation continue au régime d'assurance-chômage.

11 – bonne réponse : ❒ b

La durée minimale d'activité antérieure est de 5 ans pendant les 10 dernières années. Le montant de l'allocation est majorée pour les allocataires âgés de 55 ans et plus s'ils justifient de 20 ans d'activité salariée (10 ans si l'allocataire a plus de 57,5 ans) (code du travail, art.L.351-10).

12 – bonne réponse : ❒ c

L'ASSEDIC demande à l'allocataire tous les 4 mois de justifier de l'accomplissement d'actes positifs de recherche d'emploi ou de suivi de formation (code du travail, art.R.351-27 et R.351-28).

13 – bonne réponse : ❒ b

Le chômage partiel a pour objectif de permettre à une entreprise de réduire l'horaire de travail ou de fermer temporairement l'entreprise plutôt que de procéder à des licenciements économiques. Dans ce cas, les salariés concernés par le chômage partiel restent liés à l'employeur par le contrat de travail mais subissent une perte de salaire compensée partiellement par le versement :

– d'une allocation spécifique d'aide publique versée par l'État ;

– et d'une allocation conventionnelle à la charge de l'employeur.

Cette compensation ne concerne que les heures perdues en deçà de la durée légale.

Le montant cumulé des allocations (légale et conventionnelle) et du salaire du mois ne doit pas être inférieur au SMIC, déduction faite des cotisations sociales. Au cas où le montant est inférieur au SMIC, une allocation complémentaire est attribuée au salarié. Elle est pour moitié à la charge de l'employeur et pour moitié à la charge de l'État (code du travail, art.L.141-10, L.141-11 et L.322-11).

14 – bonne réponse : ❒ b

En principe, pour bénéficier de l'allocation unique dégressive, le salarié ne doit pas avoir atteint 60 ans ou l'âge normal de départ à la retraite dans la profession exercée si cet âge est inférieur. Toutefois, le chômeur de 60 à 65 ans peut y prétendre dès lors qu'il ne remplit pas les conditions requises pour bénéficier d'une retraite de sécurité sociale à taux plein.

15 – bonne réponse : ❒ b

Tout salarié licencié qui démissionne d'un nouvel emploi au cours de la période d'essai n'excédant pas 91 jours peut bénéficier de l'AUD, à condition de ne pas s'être inscrit comme demandeur d'emploi après le licenciement.

CHAPITRE 11

Les institutions représentatives du personnel

DP

CE

CHST

Section syndicale

1 – *Le cadre à prendre en compte pour la mise en place des institutions représentatives du personnel (IRP) est uniquement l'entreprise :*

**

❒ a. vrai

❒ b. faux

2 – *La mise en place des institutions représentatives du personnel est obligatoire dès l'instant que le seuil d'effectif requis est franchi :*

**

❒ a. vrai

❒ b. faux

3 – ***La mise en place de délégués du personnel est obligatoire dans les entreprises ou établissements ayant au moins :***

*

❒ a. 10 salariés

❒ b. 11 salariés

❒ c. 20 salariés

4 – ***Parmi les salariés suivants, quels sont ceux qui ne sont pas pris en compte pour la détermination de l'effectif :***

***

❒ a. salarié sous CDI

❒ b. salarié en CDD recruté pour un surcroît d'activité temporaire

❒ c. salariée en congé maternité

❒ d. apprenti

❒ e. salarié sous CDD à temps partiel

❒ f. salarié en congé formation

❒ g. salarié sous CDI à temps partiel

❒ h. salarié en CDD recruté pour remplacer un salarié absent (congé maladie)

❒ i. intérimaire

❒ j. salarié licencié en période de préavis

5 – ***Tout salarié, quels que soient son sexe et sa nationalité, peut librement adhérer au syndicat professionnel de son choix à la seule condition d'être âgé d'au moins 18 ans :***

*

❒ a. vrai

❒ b. faux

6 – *L'employeur est tenu de convoquer les délégués du personnel à une réunion au moins :*

*

❒ a. une fois par mois

❒ b. une fois tous les 2 mois

❒ c. une fois par trimestre

7 – *Un comité d'entreprise doit être constitué dans toute entreprise employant au moins :*

***

❒ a. 20 salariés

❒ b. 50 salariés

❒ c. 51 salariés

❒ d. 100 salariés

8 – *Une organisation syndicale constituant une section syndicale peut désigner un délégué syndical :*

*

❒ a. quel que soit l'effectif de l'entreprise

❒ b. si l'entreprise occupe au moins 11 salariés

❒ c. si l'entreprise occupe au moins 50 salariés

❒ d. si l'entreprise occupe au moins 100 salariés

9 – *Pour être électeur aux élections des délégués du personnel ou des représentants du personnel au comité d'entreprise, le salarié doit remplir, à la date du premier tour de scrutin, les conditions suivantes :*

**

❒ a. être salarié de l'entreprise

❒ b. avoir 16 ans accomplis

❒ c. avoir 18 ans accomplis

❒ d. avoir au moins 3 mois d'ancienneté

❒ e. avoir au moins 6 mois d'ancienneté

❒ f. avoir au moins 1 an d'ancienneté

❒ g. avoir la capacité électorale

❒ h. ne pas avoir de lien de parenté avec l'employeur

10 – *Dans une entreprise dotée de délégués du personnel, le salarié doit obligatoirement passer par eux pour présenter ses revendications à l'employeur :*

*

❒ a. vrai

❒ b. faux

11 – *Au premier tour des élections des représentants du personnel, seuls les syndicats représentatifs peuvent présenter des listes de candidatures :*

*

❒ a. vrai

❒ b. faux

12 – *Les représentants du personnel au CHSCT sont élus directement par les salariés :*

***

❒ a. vrai

❒ b. faux

13 – *Le comité d'entreprise peut être présidé par :*

**

❒ a. l'inspecteur du travail

❒ b. un membre du comité d'entreprise élu lors de la première réunion du comité d'entreprise

❒ c. l'employeur

❒ d. un membre de la délégation du personnel

❒ e. un représentant de l'employeur mandaté par lui

14 – *Pour être éligible aux élections des délégués du personnel ou du comité d'entreprise, le salarié doit remplir, à la date du premier tour de scrutin, les conditions suivantes :*

**

❒ a. être électeur
❒ b. avoir 16 ans accomplis
❒ c. avoir 18 ans accomplis
❒ d. avoir au moins 6 mois d'ancienneté
❒ e. avoir au moins 1 an d'ancienneté
❒ f. ne pas avoir de lien de parenté avec l'employeur

15 – *L'employeur a la faculté de décider, après consultation des représentants du personnel, de la fusion du CE et des DP (si les deux institutions existent au sein de l'entreprise) si l'entreprise occupe :*

*

❒ a. de 11 à 100 salariés
❒ b. de 50 à 150 salariés
❒ c. de 50 à 200 salariés
❒ d. de 50 à 300 salariés

16 – *Tout syndicat représentatif peut décider de constituer une section syndicale assurant la représentation des intérêts matériels et moraux de ses membres dans toute entreprise :*

*

❒ a. quel que soit son effectif
❒ b. occupant au moins 11 salariés
❒ c. occupant au moins 50 salariés

17 – *Un employeur informe le comité d'entreprise de la signature d'un accord entraînant la cession de son entreprise :*

***

❒ a. l'employeur a respecté son obligation de consultation du CE
❒ b. l'employeur a commis un délit d'entrave en ne consultant pas le CE sur son projet de cession
❒ c. l'employeur doit annuler la cession de son entreprise

18 – *Les représentants du personnel bénéficient :*

***

❒ a. de la libre circulation dans l'entreprise pendant leur temps de travail

❒ b. d'un crédit d'heures rémunérées pour assurer leur mission

❒ c. d'un local commun aux différentes institutions

❒ d. d'un droit à l'affichage

❒ e. d'une protection contre le licenciement

19 – *L'employeur doit verser une subvention de fonctionnement au comité d'entreprise d'un montant équivalent :*

**

❒ a. à 0,1 % de la masse salariale brute

❒ b. à 0,2 % de la masse salariale brute

❒ c. à 0,5 % de la masse salariale brute

❒ d. aux dépenses de fonctionnement du CE

20 – *Bien que l'entreprise soit dotée d'un CE et d'un CHSCT, l'employeur doit consulter les DP sur les questions suivantes :*

***

❒ a. la période de congés et l'ordre des départs en congé du personnel

❒ b. le plan de formation

❒ c. le report concernant une demande de repos compensateur

❒ d. le licenciement économique d'un ou plusieurs salariés

❒ e. le reclassement d'un salarié déclaré inapte à la suite d'un accident de travail

❒ f. la durée et l'aménagement du temps de travail

❒ g. le règlement intérieur

Grille de dépouillement

N° QUESTIONS	BONNES RÉPONSES	NOMBRE DE RÉPONSES CORRECTES	N° QUESTIONS	BONNES RÉPONSES	NOMBRE DE RÉPONSES CORRECTES
1	b		11	a	
2	b		12	b	
3	b		13	a – c – e	
4	d – h		14	a – c – e – f	
5	b		15	c	
6	a		16	a	
7	b		17	b	
8	b – c		18	b – d – e	
9	a – b – d – g		19	b	
10	b		20	a – c – e	

TOTAL ☐ + TOTAL ☐ = ☐

Score sur 20

$$\frac{\square \times 20}{34} = \quad /20$$

Réponses

1 – bonne réponse : ❒ b

La mise en place de ces institutions s'effectue au niveau :
– de l'entreprise à établissement unique ;
– de l'établissement si l'entreprise comporte plusieurs établissements distincts. La loi ne donnant pas de définition, la jurisprudence considère comme établissement distinct celui qui comprend un groupe de salariés exerçant sous une même autorité, en un lieu indépendant, une activité caractérisée. Cette notion d'établissement distinct varie selon l'institution :

- *concernant les délégués du personnel et les délégués syndicaux*, l'établissement distinct se définit comme un groupe de salariés ayant des intérêts communs et travaillant sous une direction unique, peu importe que la gestion du personnel soit centralisée à un autre niveau dès lors qu'il existe sur place un représentant de l'employeur qualifié pour recevoir les réclamations et transmettre celles auxquelles il ne pourrait pas donner suite ;
- *concernant le comité d'entreprise*, le critère prépondérant pour reconnaître un établissement distinct est celui de l'autonomie de gestion tant sur le plan comptable et financier qu'en matière de gestion de personnel.

Lorsqu'il existe plusieurs établissements au sein d'une entreprise et que certains n'atteignent pas, pris isolément, l'effectif minimum exigé pour la mise en place d'une des institutions représentatives du personnel, il y a lieu soit de les regrouper entre eux soit de les rattacher à un centre plus important en nombre de salariés, cela afin de ne pas priver le personnel d'avoir ses intérêts défendus ;

– de l'unité économique et sociale regroupant plusieurs entreprises juridiquement distinctes. L'unité économique et sociale se caractérise par une identité ou une complémentarité des activités, une concentration des pouvoirs de direction et une communauté de travail et d'intérêts professionnels du personnel.
(code du travail, art.L.421-1, L.431-1 et L.435-1).

2 – bonne réponse : ❒ b

La mise en place des institutions représentatives du personnel est obligatoire lorsque l'effectif requis est atteint pendant 12 mois, consécutifs ou non, au cours des 3 années précédentes. La période de 3 ans est celle qui précède la date du premier tour des élections des DP ou CE ou la date de désignation pour les délégués syndicaux (code du travail, art.L.236-1, L.412-11, L.421-1, L.431-1 et L.431-1-1).

3 – bonne réponse : ❒ b

La mise en place des délégués du personnel est obligatoire si l'effectif d'au moins 11 salariés est atteint pendant 12 mois, consécutifs ou non, au cours des 3 années précédentes (code du travail, art.L.421-1).

4 – bonnes réponses : ❒ d ❒ h

Pour la détermination de l'effectif, on considère la situation de chaque salarié au sein de l'entreprise ou de l'établissement.

Il existe 3 situations possibles :
– *le salarié pris en compte intégralement* : le salarié sous contrat à durée indéterminée, le travailleur à domicile, le travailleur handicapé ;
– *le salarié pris en compte partiellement :*
  • au prorata du temps de travail : le salarié à temps partiel ;
  • au prorata du temps de présence : le salarié sous contrat à durée déterminée ou intérimaire ;
– *le salarié non pris en compte* : le salarié titulaire d'un contrat d'apprentissage, de qualification, d'adaptation, d'orientation, d'un contrat emploi-jeune, d'un contrat initiative-emploi, d'un contrat emploi-solidarité, le salarié sous contrat à durée déterminée ou intérimaire remplaçant un salarié absent ou dont le contrat est suspendu.
(code du travail, art.L.421-2).

5 – bonne réponse : ❒ b

Tout salarié peut adhérer ou non à un syndicat sans condition d'âge, de sexe ou de nationalité. Il peut en démissionner tout aussi librement. Aucun employeur ne doit prendre en considération l'appartenance à un syndicat ou l'exercice d'une activité syndicale pour arrêter ses décisions à l'égard d'un salarié en matière d'embauche, de licenciement ou d'avantages professionnels (code du travail, art.L.411-5).

6 – bonne réponse : ❒ a

L'employeur est tenu de réunir une fois par mois l'ensemble des délégués du personnel (titulaires et suppléants). À leur demande, les délégués peuvent être reçus par l'employeur, collectivement, individuellement ou par catégorie selon les questions à traiter (code du travail, art.L.424-4).

7 – bonne réponse : ❒ b

La mise en place du comité d'entreprise est obligatoire si l'effectif d'au moins 50 salariés est atteint pendant 12 mois, consécutifs ou non, au cours des 3 années précédentes (code du travail, art.L.431-1).

8 – bonnes réponses : ❒ b ❒ c

Toute organisation syndicale constituant une section syndicale peut désigner un délégué syndical si l'entreprise occupe au moins 50 salariés. Si l'entreprise a moins de 50 salariés, le délégué du personnel peut être désigné comme délégué syndical (sur son temps de délégué) (code du travail, art.L.412-11).

9 – bonnes réponses : ❒ a ❒ b ❒ d ❒ g

Pour être électeur aux élections des représentants du personnel, le salarié doit remplir, à la date du premier tour de scrutin, les conditions suivantes :
- avoir 16 ans accomplis ;
- avoir au moins 3 mois d'ancienneté ;
- ne pas avoir subi de condamnation le privant de ses droits civiques.

(code du travail, art.L.423-7, L.423-12, L.433-4 et L.433-7).

10 – bonne réponse : ❒ b

Les délégués du personnel ont pour mission de présenter à l'employeur toutes les réclamations individuelles ou collectives relatives aux salaires, à l'application du Code du travail, des lois et règlements relatifs à la protection sociale, à l'hygiène et la sécurité ainsi qu'aux conventions et accords collectifs de travail applicables dans l'entreprise. Le salarié conserve cependant son droit de présenter lui-même, à l'employeur, ses revendications (code du travail, art.L.422-1).

11 – bonne réponse : ❐ a

Le mode de scrutin adopté pour les élections est le scrutin de liste à 2 tours avec représentation proportionnelle à la plus forte moyenne. Le vote a lieu à bulletin secret. Au premier tour, seules les organisations syndicales représentatives peuvent présenter des listes. Au deuxième tour, les candidatures individuelles ou collectives sont possibles (code du travail, art.L.423-2, L.423-14, L.433-2 et L.433-10).

12 – bonne réponse : ❐ b

Les représentants du personnel au CHSCT sont élus par un collège constitué par les membres élus du CE et les DP. À défaut de consensus entre les membres de ce collège, les représentants du personnel au CHSCT sont élus au scrutin de liste avec représentation proportionnelle à la plus forte moyenne (code du travail, art.L.236-5).

13 – bonnes réponses : ❐ a ❐ c ❐ e

Le comité d'entreprise est présidé par le chef d'entreprise ou par son représentant. En cas de carence de l'employeur et à la demande de la moitié des membres du comité d'entreprise, celui-ci peut être convoqué par l'inspecteur du travail et siéger sous sa présidence (code du travail art.L.434-2 et L.434-3).

14 – bonnes réponses : ❐ a ❐ c ❐ e ❐ f

Pour être éligible, le salarié doit remplir, à la date du premier tour de scrutin, les conditions suivantes :

– être électeur ;
– avoir 18 ans accomplis (au jour du scrutin) ;
– avoir au moins un an d'ancienneté ;
– être en mesure d'exercer effectivement les fonctions ;
– ne pas être apparenté à l'employeur ;
– ne pas avoir été déchu de ses fonctions syndicales.

(code du travail, art.L.423-8, L.423-9, L.433-5 et L.433-6).

15 – bonne réponse : ❐ c

Dans les entreprises de moins de 200 salariés, l'employeur a la faculté de décider, après consultation des représentants du personnel, de la fusion du CE et des DP (si les deux institutions existent au sein de l'entreprise). Dans le cadre de l'institution unique, les DP et le CE conservent leurs attributions respectives. Une fois par mois, l'employeur doit réunir l'institution unique et fixer l'ordre du jour. L'institution tient 2 réunions l'une à la suite de l'autre selon les règles propres à chacune des institutions DP et CE (code du travail, art.L.431-1-1).

16 – bonne réponse : ❒ a

Toute organisation syndicale représentative peut constituer librement une section syndicale dans l'entreprise sans condition d'effectif. La section syndicale a pour rôle d'assurer la représentation des intérêts matériels et moraux de ses membres (code du travail, art.L.412-4 et L.412-6).

17 – bonne réponse : ❒ b

L'objet du comité d'entreprise est de permettre la prise en compte permanente des intérêts des salariés. L'employeur doit donc le consulter avant toute décision sur toute question entrant dans son domaine de compétence pour lui permettre d'exprimer un avis ou de faire des observations. En ne consultant pas le CE sur son projet de cession, l'employeur a commis un délit d'entrave pénalement sanctionné. Cependant le défaut de consultation n'affecte pas la décision de l'employeur (code du travail, art.L.431-4, L.431-5 et L.483-1).

18 – bonnes réponses : ❒ b ❒ d ❒ e

Le crédit d'heures représente le temps mensuel que l'employeur doit laisser aux représentants du personnel pour exercer leurs fonctions. Il est variable selon la taille de l'entreprise et selon l'instance concernée. Il est considéré comme temps de travail et donc rémunéré. Il s'accompagne de la liberté de déplacement dans et hors de l'entreprise. Il ne prend pas en compte le temps passé en réunion avec l'employeur (code du travail, art.L.236-7, L.412-20, L.424-1 et L.434-1).

L'employeur est tenu de mettre un local à la disposition du CE et des DP ; en principe le local doit être distinct. Il doit aussi, si l'entreprise ou l'établissement emploie plus de 200 salariés mais moins de 1 000 salariés, mettre un local commun à la disposition des sections syndicales. Au delà de 1 000 salariés, chaque section syndicale doit disposer d'un local (code du travail, art.L.412-9, L.424-2 et L.434-8).

L'employeur est tenu de mettre à la disposition de chaque institution représentative du personnel, ainsi qu'à chaque syndicat présent dans l'entreprise, des panneaux d'affichage afin que des communications destinées à l'information du personnel puissent y être apposées (code du travail, art.L.412-8, L.424-2 et L.434-4).

Les représentants du personnel bénéficient d'une protection particulière contre le licenciement avant, pendant et après l'exercice de leurs mandats. Cette protection concerne aussi les salariés candidats non élus aux élections. Le dispositif protecteur dont bénéficie un salarié protégé se caractérise par :

– *la consultation spéciale du CE pour avis sauf s'il s'agit d'un délégué syndical.* Selon la procédure dont relève le licenciement, cette consultation a lieu après l'entretien préalable ou à l'occasion de la dernière réunion du CE. Le CE entend le salarié concerné, puis donne son avis au scrutin secret et à la majorité des membres élus présents ;

– *la demande d'autorisation préalable du licenciement à l'inspecteur du travai*l. L'employeur doit dans les 15 jours suivant la réunion du CE adresser une demande motivée à l'inspecteur du travail. Cette demande est faite par lettre recommandée avec AR accompagnée de l'avis du CE. L'inspecteur du travail dispose d'un délai de 15 jours pour motiver sa décision. Celle-ci peut faire l'objet d'un recours.

Le dispositif protecteur se cumule avec la procédure dont relève le licenciement (code du travail, art.L.236-11, L.412-18, L.412-19, L.436-1, L.436-2 et L.436-3).

19 – bonne réponse : ❒ b

L'employeur doit verser une subvention de fonctionnement au comité d'entreprise. Elle est égale à 0,2 % de la masse salariale brute. Le CE a la personnalité civile et a donc la libre disposition de son budget. Pour financer ses activités culturelles et sociales, le CE reçoit une contribution annuelle versée par l'employeur (code du travail, art.L.434-8 et R.432-11).

20 – bonnes réponses : ❒ a ❒ c ❒ e

Les délégués du personnel sont obligatoirement consultés, qu'il y ait ou non un CE et un CHSCT, sur la période des congés et l'ordre des départs en congé du personnel (code du travail, art.L.233-7), sur le reclassement d'un salarié déclaré inapte à la suite d'un accident de travail (code du travail, art.L.122-32-5) et sur le report concernant une demande de repos compensateur (code du travail, art.D.212-7). En l'absence de CE, les DP sont susceptibles d'assumer tout ou partie des fonctions du CE et d'intervenir dans la gestion des activités sociales et culturelles de l'entreprise. De même, à défaut de CHSCT, les DP ont les mêmes missions que les membres du CHSCT. Ils disposent à cet effet d'un crédit d'heures supplémentaires (code du travail, art.R.432-1 et L.424-1).

CHAPITRE 12

Les conflits individuels et collectifs

1 – ***Un conflit individuel né à l'occasion du contrat de travail entre un employeur et un salarié est de la compétence :***

*

❒ a. du tribunal d'instance
❒ b. du tribunal de grande instance
❒ c. du conseil de prud'hommes
❒ d. du tribunal correctionnel

2 – ***Les conseils de prud'hommes sont des juridictions paritaires composés d'un nombre égal de conseillers prud'hommes salariés et employeurs. Les conseillers prud'hommes sont :***

**

❒ a. choisis pour 5 ans par le préfet sur des listes établies par les organisations syndicales représentatives des salariés et des employeurs
❒ b. désignés pour 5 ans par les organisations syndicales représentatives des salariés et des employeurs
❒ c. élus pour 5 ans par les salariés et les employeurs

3 – *Le conseil de prud'hommes est seulement compétent pour régler par voie de conciliation tout conflit individuel né à l'occasion du contrat de travail entre un employeur et un salarié :*

** ❐ a. vrai ❐ b. faux

4 – *Le demandeur et le défendeur sont tenus de comparaître en personne devant le bureau de conciliation :*

* ❐ a. vrai ❐ b. faux

5 – *Une grève n'est licite que si l'employeur a eu connaissance avant le déclenchement de la grève des revendications professionnelles la motivant et qu'il les a rejetées :*

* ❐ a. vrai ❐ b. faux

6 – *Les décisions du bureau de jugement sont prises à la majorité absolue des voix. En cas de partage des voix :*

**

❐ a. l'affaire est renvoyée devant un autre bureau de jugement de la même section

❐ b. le président du bureau de jugement a voix prépondérante

❐ c. l'affaire est renvoyée à une audience ultérieure présidée par le juge départiteur

❐ d. l'affaire est soumise en assemblée générale de la section

7 – *Une partie du personnel s'étant mise en grève, l'employeur peut en attendant la fin du conflit :*

***

❐ a. faire appel à du personnel intérimaire

❐ b. demander aux salariés non-grévistes d'effectuer des heures supplémentaires

❐ c. procéder à des permutations de personnel pour faire face à l'absence des salariés grévistes

❐ d. faire appel à la sous-traitance pour faire face à ses engagements commerciaux

8 – *Un salarié démissionne de son emploi. 6 mois plus tard son ancien employeur apprend que ce dernier ne respecte pas la clause de non-concurrence qui figurait dans son contrat de travail. L'employeur peut, bien que le salarié concerné ne travaille plus chez lui, saisir le conseil de prud'hommes pour non-respect, par le salarié, de la clause de non-concurrence :*

**

❒ a. vrai

❒ b. faux

9 – *Un employeur décide de cesser de verser à ses salariés une prime d'inventaire bien que celle-ci résultait d'un usage. Les salariés décident de saisir individuellement le conseil de prud'hommes. Ce dernier doit se considérer non compétent car il s'agit d'un conflit collectif et non individuel :*

**

❒ a. vrai

❒ b. faux

10 – *Un salarié a saisi le conseil de prud'hommes pour réclamer le paiement d'heures supplémentaires. Le jour de la conciliation, le salarié ne comparaît pas. Il ne fournit aucun motif légitime à son absence :*

***

❒ a. l'affaire est renvoyée à une séance ultérieure du bureau de conciliation

❒ b. la demande du salarié est caduque

❒ c. le salarié ne peut réitérer sa demande

❒ d. le salarié peut réitérer sa demande mais une seule fois

11 – *Tout jugement du bureau de jugement est susceptible d'un appel :*

*

❒ a. vrai

❒ b. faux

12 – *Le droit de grève dans les services publics est soumis :*

**

❐ a. à aucune obligation particulière

❐ b. à l'obligation d'un préavis motivé de 3 jours francs

❐ c. à l'obligation d'un préavis motivé de 5 jours francs

❐ d. à l'obligation d'un service minimum

13 – *Une secrétaire qui s'est vue refuser une augmentation de salaire décide de se mettre en grève. Le droit de grève étant reconnu par la Constitution, l'employeur ne peut sanctionner la salariée :*

**

❐ a. vrai

❐ b. faux

14 – *En prévision d'un mouvement de grève, un employeur a le droit de fermer temporairement son entreprise :*

**

❐ a. vrai

❐ b. faux

15 – *Un employeur décide d'instaurer une prime d'assiduité trimestrielle. Cette prime est réduite de 5 % pour toute absence non motivée par une raison médicale :*

**

❐ a. l'instauration d'une telle prime est illicite

❐ b. l'instauration d'une telle prime est licite

Grille de dépouillement

N° QUESTIONS	BONNES RÉPONSES	NOMBRE DE RÉPONSES CORRECTES	N° QUESTIONS	BONNES RÉPONSES	NOMBRE DE RÉPONSES CORRECTES
1	c		9	b	
2	c		10	b – d	
3	b		11	b	
4	a		12	c	
5	b		13	b	
6	c		14	b	
7	b – c – d		15	a	
8	a				
	TOTAL			TOTAL	

+ +

Score sur 20

$$\frac{\square \times 20}{18} = \quad /20$$

Réponses

1 – bonne réponse : ❒ c

Un conflit individuel né à l'occasion du contrat de travail entre un employeur et un salarié est de la compétence du conseil de prud'hommes.

Pour que le conseil de prud'hommes soit compétent, 4 conditions doivent être réunies :

– un contrat de travail ou d'apprentissage ;

– le litige doit être né à l'occasion de ce contrat ;

– le litige doit être d'ordre individuel (plusieurs salariés peuvent avoir individuellement le même litige) ;

– l'activité professionnelle de l'employeur ou de salarié doit entrer dans la compétence du conseil.

(code du travail, art.L.511-1).

2 – bonne réponse : ❒ c

Les conseillers prud'hommes sont élus pour un mandat de 5 ans, renouvelable. L'élection a lieu à la représentation proportionnelle suivant la règle de la plus forte moyenne. Les listes de candidatures sont établies pour chaque conseil, par section et par collège distinct : employeurs et salariés. Les électeurs votent par collège dans la section à laquelle ils sont rattachés (code du travail, art.L.512-5 et L.513-1).

3 – bonne réponse : ❒ b

Le conseil de prud'hommes est compétent pour régler, par voie de conciliation ou par voie de jugement, les différends individuels nés à l'occasion du contrat de travail entre employeurs et salariés ou entre salariés. La conciliation constitue un préliminaire obligatoire. C'est seulement dans le cas où la conciliation n'a pas abouti que le différend est réglé par jugement (code du travail, art.L.511-1).

4 – bonne réponse : ❒ a

Le conseil de prud'hommes est saisi soit verbalement soit par écrit auprès du secrétariat-greffe. Si la demande est recevable, le demandeur est avisé de la date de la conciliation. Le défendeur est convoqué par lettre recommandée avec AR. Les parties doivent comparaître en personne devant le bureau de conciliation. Elles peuvent se faire assister et, en cas de motif légitime, se faire représenter (maladie, éloignement...) (code du travail, art.L.516-3, R.516-4 et R.516-5).

5 – bonne réponse : ❒ b

La présentation des revendications professionnelles doit être préalable ou au moins concomitante au mouvement de grève. Mais le caractère licite de la grève n'est pas soumis à la condition de rejet de ces revendications par l'employeur.

6 – bonne réponse : ❒ c

En cas de partage des voix, les débats doivent reprendre, sous la présidence d'un juge du tribunal d'instance (le juge départiteur) dans le délai d'un mois (code du travail, art.R.516-40).

7 – bonnes réponses : ❒ b ❒ c ❒ d

La loi interdit le recours aux travailleurs temporaires ou l'embauche de salariés sous CDD pour remplacer des salariés grévistes (code du travail, art.L.122-3 et L.124-3).

Par contre, l'employeur peut, sous réserve de respecter la législation, avoir recours aux heures supplémentaires, procéder à des permutations de personnel pour faire face à l'absence des salariés grévistes ou sous-traiter tout ou partie de l'activité de l'entreprise pour faire face à ses engagements commerciaux.

8 – bonne réponse : ❒ a

Le conseil de prud'hommes est compétent pour trancher tout litige individuel opposant un employeur à un salarié à l'occasion de tout contrat de travail. Dans le cas présent - bien que le salarié ne travaille plus chez l'employeur depuis 6 mois - le non-respect, par le salarié, de la clause de non-concurrence constitue bien un litige individuel relevant de la compétence du conseil de prud'hommes. L'employeur peut donc saisir le conseil de prud'hommes.

9 – bonne réponse : ❒ b

Un conflit collectif opposant plusieurs salariés à un employeur pour la défense d'intérêts collectifs n'est pas de la compétence du conseil de prud'hommes. Toutefois, un litige peut intéresser plusieurs salariés et conserver son caractère individuel. Ainsi, la demande séparée de chacun des salariés de l'entreprise réclamant le paiement d'une prime d'inventaire résultant d'un usage ne fait pas perdre au litige son caractère individuel relevant de la compétence du conseil de prud'hommes.

10 – bonnes réponses : ❒ b ❒ d

Si le demandeur ne comparaît pas le jour de la conciliation sans avoir justifié en temps utile d'un motif légitime, sa demande est caduque. Il ne peut réitérer sa demande qu'une seule fois (code du travail, art.R.516-16).

11 – bonne réponse : ❐ b

L'appel n'est possible qu'à l'encontre des jugements rendus en premier ressort par le bureau de jugement. Pour les jugements rendus en dernier ressort, la seule voie de recours possible est le pourvoi en cassation. Le taux de compétence en dernier ressort est fixé chaque année par décret (code du travail, art.R.517-7 à art.R.517-10).

12 – bonne réponse : ❐ c

Dans le secteur public, la loi réglemente le droit de grève. Elle impose le respect d'un préavis motivé de 5 jours francs. L'obligation d'assurer un service minimum ne concerne que certaines catégories de personnel (radiodiffusion et télévision, navigation aérienne pour certains personnels) et l'interdiction de toute grève pour les militaires, le personnel de police, les magistrats, ... (code du travail, art.L.521-2 et L.521-3).

13 – bonne réponse : ❐ b

La grève étant un arrêt de travail collectif et concerté du personnel pour obtenir la satisfaction de revendications d'ordre professionnel, l'action de la salariée ne peut être assimilée à une grève. L'employeur peut donc sanctionner la salariée (code du travail, art.L.521-1).

14 – bonne réponse : ❐ b

Le lock-out est la fermeture temporaire de l'entreprise, à l'initiative de l'employeur, en réponse à un conflit collectif de travail existant ou imminent.

Le lock-out est illicite s'il constitue une mesure préventive ou une mesure de rétorsion à l'occasion d'un conflit. Dans ce cas, l'employeur doit verser les salaires aux salariés. Il est licite, si l'employeur peut justifier de l'impossibilité absolue de faire fonctionner l'entreprise (soit en raison d'une grève désorganisant l'entreprise, soit pour des raisons de sécurité). La fermeture de l'entreprise pour des difficultés extérieures (coupures de courant, grève des transports...) ne constitue pas un lock-out si les heures perdues donnent lieu à récupération.

15 – bonne réponse : ❐ a

L'instauration d'une telle prime est illicite et constitue une atteinte au droit de grève puisqu'elle reviendrait à sanctionner des salariés grévistes. Une prime d'assiduité est licite si sa réduction ou sa suppression résulte de l'absence du salarié quelle qu'en soit la cause.

Imprimerie France Quercy - 46001 Cahors
N° d'impression : 82402 - Dépôt légal : novembre 1998.